Dieses Buch widme ich meiner Vergangenheit,

die sich hiermit vollendet.

Katharina AURORA Friedrichs

Sei klug, liebe Seele – wähle frei zu sein!

Ein neuer Blick auf dich und die Welt

1. Auflage September 2021

Copyright Katharina Aurora Friedrichs

Verlag und Druck:
Tredition GmbH
Halenreihe 40-44
22359 Hamburg

Hinweis: Dieses Buch ist sorgfältig erarbeitet worden. Alle Angaben sind ohne Gewähr. Weder Autor noch Verlag können für eventuelle Nachteile oder Schäden, die aus den im Buch gegebenen Hinweisen resultieren, eine Haftung übernehmen.

Lektorat & Korrektorat:
Katharina Aurora Friedrichs

„Für mich ist Katharina Aurora Friedrichs eine Künstlerin der Worte. Was immer
sie beschreibt rutscht direkt in mein Herz und lässt mich auf einer tiefen Ebene
– jenseits des Verstandes – verstehen. Dabei schätze ich ihren Optimismus
und ihre Gabe, in den größten Herausforderungen das Positive
zu sehen. Ich erlebe ihre Arbeit als sehr unterstützend –
sowohl für meinen persönlichen Weg als auch
im Verstehen der größeren kollektiven
Zusammenhänge.“

(Tanja J. Hotes, Hamburg)

Inhalt

Nimm ein immer wieder die Vogelperspektive –
sie allein schenkt dir die Alternative.

Und wenn du hoch genug fliegst,
eine außergewöhnliche Perspektive!

Wer bist du?
Wie lebst du?
Wen liebst du?

Gefällt dir, was du von dort oben siehst?
Gibt es Dinge, die du nicht verstehst?

Öffne dich für das Neue…

Für das, was dich und die Welt wieder
ins Gleichgewicht bringen wird.

Liebesfee

Ich schick dir eine Fee...

die dich berührt mit ihrem goldenen Zauberstab...
und pssssssssssst dich verwandeln kann —
in die Seele, die du wahrlich bist.

Sie nimmt dir alle Kälte, Härte, Unnachgiebigkeit.
Das Verurteilen, Abwerten und den falschen Stolz.

All die Wut und Aggression. Die Täuschung und die Manipulation.
Sie schenkt dir Wertschätzung, Wahrheit und Klarheit.
Und Mut und Kraft für deinen Weg.

Sie öffnet dein Herz und bringt dich in Kontakt mit deinem
wahren Wesen. Das dich wissen lässt und fühlen lässt —
dich selbst und die Menschen um dich herum.

Sie nimmt dir dein Misstrauen und die Angst
und lässt dich wieder fliegen...

Sie ist ein Geschenk.
Nimm dir, was du willst.
Es liegt an dir, es zu verwandeln.

Prolog

Ich glaube an die Macht der Liebe und an die Kraft der Wahrheit.
An alles, was dem Herzen und einer reinen Absicht entspringt.
Dafür übe ich mich gerne in Geduld.

Wie schön, dass dich mein Buch erreicht – es ist für dich! Es möchte deinen Geist öffnen, dein Herz befreien und dir ein weiser Begleiter in dieser außergewöhnlichen Zeit sein.

Ein Zyklus ist vollendet. Das Alte ist vorbei, das Neue ist noch nicht da. Es fühlt sich zuweilen wie Stillstand an: Das große Rad hält inne, um sich neu auszurichten... Wir befinden uns in diesem wertvollen Zwischenraum der Neujustierung, der alles möglich macht und vieles von uns fordert. Die mächtigste Kraft im Universum, die LIEBE, fegt über die Erde und durch alle Universen hindurch. Sie reinigt und klärt – und sortiert alles und jeden neu. Und sie erweckt unseren Geist... Denn die göttliche Ordnung möchte wieder hergestellt werden.

Die gegenwärtige Situation haben wir Menschen gewählt und mitkreiert. Nach dem Gesetz von Ursache und Wirkung ist sie die Folge dessen, was wir über Jahrtausende gedacht, gefühlt und getan haben. Es geht um die Befreiung der Menschheit aus seiner Vergangenheit, aus der Angstherrschaft. Es geht von den niedrig schwingenden Energien wieder aufwärts – zurück in unser Herz. Die Jahre 2020 bis 2023 dienen als Katalysator und möglicher Wendepunkt in diesem großen Wandel. Wir Menschen und die Erde sind in tiefer Transformation. Wahres besteht, alles andere geht. Denn es geht zurück in die LIEBE, in die WAHRHEIT und in die FREIHEIT. Das ist die Neue Zeit!

Mein Buch schenkt dir einen neuen Blick auf dich und die Welt. Was wir bis März 2020 gewohnt waren, war ein buntes Theater voller Illusionen. Im Buch findest du Wahres und Einfaches, denn Wahres ist einfach. Du findest neue Lösungsansätze für die Krise und Missstände in der Welt, die meines Erachtens Voraussetzung für einen tiefgreifenden Wandel sind. Zudem findest du Unterstützung für deinen persönlichen Weg und den Aufstiegsprozess. Kurzum: Eine Schatztruhe voller Inspiration für ein erwachtes Bewusstsein – für dich und das Kollektiv!

Vollenden wir die Vergangenheit friedlich und lassen sie ruhen. Denn Neues möchte geboren werden in den kommenden Jahren – aus dem Sein, aus der weiblichen Energie heraus. So öffne dich dem Neuen, um dich und die Welt wieder ins Gleichgewicht zu bringen.

Wenn du möchtest, wird dir und uns allen ein neuer Anfang geschenkt!

Deine Aurora

Hamburg, im September 2021

Bevor es weitergeht, möchte ich mich vorstellen: **Ich bin** Aurora – Astrologin, Coach, Autorin. Rechtsanwältin, Betriebswirtin, Philosophin. Pionierin, Visionärin, ein Lichtkind... Doch nichts davon ist wirklich von Bedeutung.

Ich bin ein Mensch, wie du. Reine Energie, reines Bewusstsein. Vollkommenes ewiges Sein. Hüterin der Erde, Schöpferin meines Lebens. Ich bin eine Frau – eine freie Frau, in Frieden. Das macht mich glücklich und ist wirklich von Bedeutung, denn es ist meine Bestimmung.

Auf meiner Reise habe ich vieles erlebt und lernen dürfen. Bis ich das Höchste im Leben erkannt habe: Zu lieben und geliebt zu werden. Die Liebe ist das Thema meines Lebens und das Thema der Menschheit.

Ich freue mich darauf, mit dir gemeinsam durch diese verrückte Zeit zu fliegen – in eine neue Zukunft!

1. Einstimmung

Alles was in dieser Zeit geschieht, dient der Heilung und Versöhnung
von Yin & Yang. Und somit dem Frieden – in sich selbst,
im Miteinander und in der Welt.

Die Erde hat sich für die Liebe entschieden. Es geht zurück in die
LIEBE und in den FRIEDEN – in uns, im Miteinander und in der Welt.
Liebe ist die Grundlage von allem, die stärkste Kraft im Universum,
zugleich eine sehr hochschwingende Heilenergie: Liebe heilt und wandelt
alles, was sie berührt. Die Liebe ist der wahre Katalysator in diesem
großen, kollektiven Erwachens-Prozess, in dem wir uns befinden. Und
die Heimat der Liebe ist dein HERZ.

Die Liebe.
Ur-Essenz von allem, was lebt.
Ur-Essenz von allem, denn alles lebt.

Die Herz-Heilung und Herz-Öffnung sind somit wesentlich für jeden
von uns. Für den Aufstieg selbst und für die Anliegen des Aufstiegsprozesses:

- Heilung der Vergangenheit
- Neubeginn der Menschheit
- Neue Weiblichkeit, Neue Männlichkeit
- Ganzheit in sich selbst
- Beziehungen der Neuzeit
- Neue Kommunikation
- Neuer Umgang mit Macht und Stärke
- Gleichwertigkeit, Balance und Frieden.

Zu jedem Punkt findest du Näheres im Buch. Um aufzusteigen, ist es von größter Wichtigkeit, dass wir Menschen uns erleichtern: Dass wir uns seelisch, geistig und körperlich von allen „Altlasten" befreien. Denn diesmal geht es aufwärts, in lichtere Sphären – vorausgesetzt, wir sind auf allen Ebenen geklärt. Viel Gepäck ist somit hinderlich. Es ist eine spiralförmige Entwicklung, bei der wir alles zurücklassen, was beschwert. Nicht jede Seele möchte mit hinauf, so werden auch viele Seelen gehen. Die Reise wird eine Weile dauern. Der Aufstieg ist nicht etwas, was plötzlich geschieht und dann ist es gut. Diese Ab- und Aufstiege sind riesige Zyklen. Es ist ein Aufbruch zurück in das allumfassende, göttliche Herz. Der Aufstieg ist nur über unser Herz möglich! So ist es natürlich, dass alles aus unserem Feld weichen wird, was nicht mehr stimmig ist. Menschen, Lebensumstände, Wohnorte, Berufe etc. Je mehr wir fest halten an vermeintlichen Sicherheiten, desto mühsamer wird die Reise. Doch alles Wesentliche findet zu dir, künftig immer schneller. Lasse los, lasse alles offen... Werde zum Findenden, dem sich das Wesentliche offenbart.

Unser Herz wird uns klare Führung für die Reise geben. Egal auf welche Hindernisse wir treffen mögen – die feste Verankerung im Herzen wird uns den nötigen Halt geben. Das gilt auch für das Durcheinander im

Außen und in der Welt: Es ist die Sichtweise unseres Herzens, die uns Wahres erkennen lässt und zu klaren Entscheidungen befähigt.

Das Herz ist der Schlüssel für jeden von uns – für alles!

Dieser Prozess erfordert neben einer ständigen Klärung auch ein neues Miteinander. Durch Trennung, Spaltung und Konkurrenz sind wir in die heutige Lage geraten. Die Reise hinauf braucht Verbindung, Respekt, Toleranz, Kooperation, Verständnis und Mitgefühl. Die Kinder sind mit ihrer lichten Unschuld unsere Wegweiser in die Neue Zeit, wir können sehr viel von ihnen lernen!

„Corona" empfinde ich in vielerlei Hinsicht als heilsam, als Katalysator wichtiger Prozesse auf Erden – abgesehen von der Fremdbestimmung, den Unwahrheiten und dem Leid, das vielen widerfährt. Einer Lupe gleich lenkt diese Krise den Blick auf alles, was der Heilung bedarf und im Ungleichgewicht ist. Wahres bleibt bestehen, alles andere wird gehen. Und wir Großen dürfen endlich (emotional) erwachsen werden. Das wird allem gut tun – auch einem neuen Beziehungsleben. Bei allem im Leben geht es letzten Endes um das Gleichgewicht, um die Balance. Nur dann sind ein Wachstum und Gedeihen im Sinne der göttlichen Ordnung möglich. Hier auf Erden ist wenig im Gleichgewicht.

Es ist kein Geheimnis, dass ich ein Freund von Freiheit und Wahrheit bin. Beide sind Aspekte der Liebe und unabkömmlich für die Neue Zeit und für Beziehungen der Neuzeit. Ohne Wahrheit und Freiheit sterben Verbindungen oder sie zeigen sich in Konflikten und Kriegen. Das war schon immer so. Deshalb gibt es noch Kriege – wir haben weder Freiheit noch Wahrheit in der Welt. Wenn wir eine erwachte Gesellschaft, eine erwachte Welt hätten, die Wahrheit und Freiheit Raum geben kann und die Menschen ihre persönlichen Themen gelöst hätten, wären Pandemien, Konflikte, Kriege und Naturkatastrophen überflüssig.

Mein Buch lädt dich ein, mit dem Herzen zu lesen, nicht mit dem Verstand. Wahrheit fühlen wir im Herzen. Deshalb habe ich den Inhalt auf das Wesentliche reduziert, zudem Poesie genutzt. Du brauchst keine Geschichtszahlen, Paragraphen, wissenschaftlichen Studien und Beweise und wenig Wissen aus der Vergangenheit – all das dient lediglich dem Ego und füllt unsere Festplatten, die eh schon randvoll sind. Du trägst alles Wissen in deinem Herzen! Vieles empfinde ich als zu viel in dieser Zeit. Es gibt zu viele Worte, zu viele Informationen, zu viel Drama und Show – zu viel von allem... Dein Geist möchte frei werden!

Wahres ist einfach.

Wahres ist unvergänglich.

Wahres ist wenig.

Manches von dem, was du hier liest, wird für dich neu sein. Die Inhalte beruhen auf meiner Wahrnehmung und meiner Sicht auf die Welt. Mögen sie dich inspirieren, deine Wahrheit zu finden, dir eine eigene Meinung zu bilden, zu dir selbst zu finden. Das ist mein Verständnis von Kommunikation. Jedes Kapitel ist in sich abgeschlossen – du bist frei in der Wahl der Kapitel. Sinnvoll ist es jedoch, das Buch im Ganzen zu lesen. Und wenn du magst, kannst du bei wichtigen Fragen oder Anliegen intuitiv eine Seite im Buch aufschlagen – sie wird eine wesentliche Information für dich enthalten. Zum Buch gibt es einen Anhang mit fünf Kapiteln, in denen du zusätzlich Inspirierendes und Hilfreiches für diese Zeit und deinen Weg findest.

Wir Menschen sind Hüter der Erde, Schöpfer unseres Lebens und Mitschöpfer des Lebens auf der Erde. Was für eine große Verantwortung – und was für eine Ehre! Die einströmenden weiblichen Energien erlauben, das Patriarchat mit all seinen schmerzhaften Auswirkungen und Verzerrungen für die ganze Welt nun endgültig hinter uns zu lassen und den so wichtigen Energieausgleich einzuleiten.

Ich wünsche dir und uns allen eine wunderbare Neugeburt – und bin freudig gespannt, wann wir Menschen bereit sind, uns für unser Leben zu erheben!

2. Sterben ist Leben

Atme tief. Werde still. Und wisse,
dass jeder Moment perfekt ist und Neues gebiert.

Wir befinden uns in einem riesigen Transformationsprozess. Wir alle erleben in diesen Jahren ein kleines oder großes Stirb und Werde, um mit einem neuen Lebensgeist zu erwachen! Deshalb findest du in meinem Buch auch Poesie und Mystik, um deinen Geist zu erleichtern, zu erheitern und zu öffnen. Um neben der linken auch deine ganzheitlich-intuitive, die rechte Gehirnhälfte anzuregen. Denn alles möchte wieder ins Gleichgewicht gebracht werden – in uns und in der Welt. In den Kapiteln 2, 4, 6, 8, 14 und im Anhang unter IV. beschreibe ich unter anderem astrologische Archetypen in Dichtform:

- Skorpion (Herrscher Pluto)

- Schütze (Herrscher Jupiter)

- Steinbock (Herrscher Saturn)

- Wassermann (Herrscher Uranus)

- Löwe (Herrscher Sonne)

- Jungfrau (Herrscher Merkur).

Allesamt wichtige Energien für den Aufstiegsprozess und wirksam in jedem von uns. Kenntnisse in der Astrologie brauchst du nicht (und die übrigen Tierkreiszeichen sind genauso wichtig, dazu ein andermal mehr). Die Texte erheben keinen Anspruch auf astrologische Vollständigkeit, vielmehr auf Freude, Leichtigkeit, Tiefe und Inspiration für die Neue Zeit. Zu der eben auch eine Neue Kommunikation gehört, bei der sich Herz und Verstand und die rechte und linke Gehirnhälfte verbinden wollen, um harmonisch zusammen zu wirken. Die Gedichte führen dich durch einen Teil des astrologischen Tierkreises und sind von zeitlosem Wissen. Als leidenschaftliche Astrologin dürfen sie in meinem Buch nicht fehlen: Sie ermöglichen dir, vom Kopf in dein Herzempfinden zu kommen, um auf diese Weise vielleicht mehr zu verstehen als je zuvor.

Beschrieben werden darin die reinen astrologischen Archetypen, ähnlich wie im Märchen: Tiefe Wahrheiten über den Menschen und das Leben. Wenn du die Texte aufmerksam liest und fühlst, wirst du dich und mich näher kennenlernen. Du wirst erkennen, dass du das auch bist, denn alles ist Spiegel und wir haben alle alles in uns – den gesamten Tierkreis, das gesamte Lebenspotenzial. Entsprechend der charakterlichen Anlage und dem Bewusstsein unterschiedlich ausgeprägt und entwickelt.

Astrologie

Du kannst die sechs Kapitel komplett überspringen. Wenn du deinen Geist öffnen möchtest, lege ich sie dir jedoch ans Herz. Die Astrologie ist eine (uralte) Sprache der Neuzeit – eine komplexe Symbolsprache und Wissenschaft, die die Gesamtheit des Lebens in ihrer ganzen psychologischen Tiefe und Vielfalt beschreibt. Ein Geburtshoroskop bietet somit die ganzheitliche Sicht auf den Menschen – körperlich, geistig und seelisch. Darüber hinaus kann sie die aktuelle Zeitqualität mit einbeziehen, wodurch bedeutende Lebensphasen verständlicher werden. Beides vermag in der Form keine andere Disziplin. Zudem schenken die

Planetenkonstellationen täglich eine ganzheitliche Sicht auf die Welt. Die Astrologie ermöglicht uns somit ein äußerst differenziertes Einfühlungsvermögen: In uns selbst, in einen anderen Menschen und in das Leben. So kann sie uns mitfühlender, verstehender und toleranter machen. Welche Wissenschaft sonst kann das von sich behaupten? Und wie wertvoll bitteschön ist das in dieser Zeit:

Mitfühlender, verstehender, toleranter.

Die Seele

Wir Menschen sind Seelen in einem physischen Körper. Die Seele ist hier auf Erkundungsflug – sie möchte frei werden und sich entfalten! Herz und Seele sind miteinander verbunden und unser direktes Verbindungsglied zum Göttlichen, zur Quelle. Das Herz ist der Hauptsitz der Seele.

Die Seele weiß. Sie kennt den schnellsten Weg zurück nach Hause, nach Hause in die Liebe. Doch bevor sie auf der Erde inkarnierte, ist sie eingetaucht in den Schleier des Vergessens… Im Laufe der Zeit erinnert sie sich zunehmend an das Wesentliche. Wenn wir verbunden sind mit unserer Seelenkraft und der Seele Raum geben, spricht sie deutlich zu uns: Über das Herz, die Intuition, über Träume und Sehnsüchte, über den Körper. Auch über Menschen, Situationen und Herausforderungen im Leben. In diesen Jahren verabschieden sich Körper, Geist und Seele noch von alten Mustern, Blockaden und Irrwegen. Geben wir den Entwicklungen den Raum, den sie brauchen.

Stirb und werde

Astrologisch korreliert die Seele mit Pluto, dem Herrscherplaneten vom Skorpion. Der Skorpion ist ein Archetyp, der in jedem von uns wirkt. Der nachfolgende Text stammt aus dem Jahr 2010. Damals stand ich am

Beginn einer großen Umbruchphase in meinem Leben, ohne dass es mir bewusst war. Der Text ist weiterhin aktuell, denn er beschreibt den Prozess, den wir alle regelmäßig durchleben, sofern wir uns auf das Leben und einen anderen Menschen wirklich einlassen: Das Stirb und Werde. Wer in diesen Jahren in seine wahre Kraft und Ausrichtung zurückfinden möchte, muss durch den dort beschriebenen Wandlungsprozess hindurchgehen, um innerlich frei zu werden. Und wenn wir uns nicht bewegen, dann werden wir bewegt – wie uns „Corona" und die zunehmenden (Natur-)Katastrophen deutlich zeigen.

Lass dich mitnehmen auf diese Seelenreise – sie führt dich dorthin, wo Wandel und Erneuerung jetzt für dich anstehen. Es ist wie in einem Märchen: Wo deine tiefste Angst auf dich wartet, da findest du deinen Schatz und deine Erlösung.

Sterben ist Leben
(Skorpion – 24.10. bis 23.11.)

Geheimnisse wollen gehütet sein – von denen, die sie teilen... Der Skorpion hält sich gerne bedeckt. Die Geheimnisse der anderen möchte er jedoch ergründen.

Nichts interessiert den Skorpion weniger als Oberfläche und Mittelmaß. Unwiderstehlich zieht es ihn zu allem Verborgenen, Verbotenen, Verdrängten. Zu den Tabus, die eine Gesellschaft hervorgebracht hat. Bis in die tiefsten Tiefen möchte er vordringen. Eindringen. Der Skorpion penetriert. Mit seinem Blick. Mit seinem Geist. Mit seiner Seelenkraft. Er will sehen! Und er sieht. Deckt auf, spricht unerschrocken unangenehme Wahrheiten aus. So ist er gefürchtet. Auch wegen seines giftigen Stachels, mit dem er sich unter Umständen selbst tötet... Gift kann heilen oder töten. Welchen Weg wird er wählen? Er hat die Macht, auch weil er die Ohnmacht kennt. Was macht er nun mit seiner Macht – wird er heilen oder töten?

Der Skorpion will mehr als Schönheit, Sinnlichkeit und Harmonie. Auch er muss sich binden, doch lieber tief und exzessiv. Extrem und intensiv. Zuweilen auch obsessiv. Hoch emotional und tief verwundbar ist er. So nähert er sich dem Objekt seiner Begierde auf seine Art: Abwartend, beobachtend, selbstkontrolliert, misstrauisch. Niemand soll sie sehen – seine Leidenschaft, seine Angst vor Ablehnung, Verlust und Verrat. Seine Verwundungen. Der Skorpion weiß, wie er die Welt um sich herum manipulieren kann. Und die Versuchung ist groß, dieses Wissen zu missbrauchen – um sein Ego zu befriedigen, um sich zu schützen. Er braucht die Macht. Vor allem die Macht über sich selbst, die Eigenmacht. Eine seiner größten Herausforderungen...

Die Energie ist hier sehr dicht und intensiv: Die Seelenkraft – unsere Magnetkraft, mit der wir alles anziehen, was unserer inneren Realität entspricht. Was wir brauchen, um zu wachsen und uns zu erneuern. Um es schließlich zu verabschieden und loszulassen. Verwandelt – nie mehr werden wir sein, wer wir waren.

Der Skorpion ist in der Welt des Wassers zu Hause. Im tiefen, abgründigen, stehenden Gewässer. Auch im Wasser, das einen Sog nach unten hat: Gebannt erblickt der Skorpion den Strudel, diesen faszinierenden Sog in die Tiefe... Das Verlangen ist groß, sich hinein zu begeben. Denn nur in der anderen Welt, im Universum nebenan, findet er, was ihm fehlt – weiß er. Wohin mag der Sog führen? Sog-Kraft macht Lust und Angst zugleich. Ein Anziehungs- und Abstoßungs- konflikt, in dem sich der Skorpion unentwegt befindet. Zwei Seelen wohnen ach! in seiner Brust... Hoffentlich kann er wählen, hat er Eigenmacht. Der Umgang mit den Mächten der Dunkelheit will gelernt sein. Es gibt Türen, die man besser verschlossen hält... Doch vertrauen wir dem Skorpion – niemand bewegt sich gekonnter auf Grenzen als er. Das Spiel mit dem Feuer, Gratwanderungen, Grenzgänge sind sein Metier. Entfachen seine Leidenschaft, geben ihm ein Gefühl für seine Macht.

Natürlich begibt er sich hinein in den Strudel. Ruckartig wird er erfasst und in die Tiefe gezogen. Tiefer und tiefer. Es wird dunkler und dunkler. Kälter und kälter. Brrrrrrrr...................... Es fühlt sich an wie der Tod. Noch tiefer, bis zum tiefsten

Grund wird er gezogen.................... und durchleuchtet hier schließlich mit seinem Röntgenblick alles, was er sieht: Erschütternd. Grausam. Schockierend. Es tut weh – das schmerzhafte Auffinden von Wahrheit. Noch tiefer geht er hinein in diesen Schmerz. Ohnmacht überkommt ihn. Etwas in ihm stirbt.................... Doch leise, ganz leise wird in diesem Ersterben auch etwas geboren...................... Er beginnt zu sehen. Das WARUM zu verstehen. Den göttlichen Willen zu erkennen – seine Seele. Bewusst will und kann er ihren Impulsen nun folgen. Weil sie um seinen Weg weiß, ihn ohnehin führen wird. Wille und Hingabe verbinden sich. Schließlich taucht er auf aus der Tiefe. Verwandelt – nie mehr wird er sein, wer er war.

Sanft, still und subtil geht die Seele grundsätzlich vor, um mit ihren Kräften Transformation zu bewirken. Über die Intuition, über wahre Gefühle, über das Herz, über Sehnsüchte und Träume, auch über den Körper spricht sie zu uns. Stellen wir uns gegen ihre Impulse, wird es zu Erschütterungen kommen – das Leben zwingt uns in die Knie, auf den rechten Weg. < Was wir nicht bewusst berühren, wird uns als Schicksal zuteil >, wusste schon C. G. Jung.

So tun wir gut daran, unserer Seele auf den Grund zu gehen. Ihren Impulsen nachzuspüren. Hin und wieder freiwillig hinab zu tauchen… Der Weg der Entwicklung führt immer ins Unbekannte, in die Tiefe, in die Dunkelheit. Hier finden wir unsere Schätze, unsere Essenz, unsere Ursprungsenergie. Nicht zuletzt auch unseren geistigen Willen, den es zu entfalten gilt, um wahre Eigenmacht zu erlangen. Um frei zu werden – und verantwortungsbewusst und liebevoll mit unserer Macht umzugehen.

(Hamburg, im November 2010)

3. Wandelnd

Betrachte eine herausfordernde Situation mit deinem
höchsten Bewusstsein – und sie wird sich segensreich wandeln.

Wir leben in einer besonderen Zeit – mit neuen Begleiterscheinungen: Mit neuen Kindern (Anhang I.), neuen Partnern (karmische Partner, Seelenpartner, Seelenlieben), mit einer neuen Wahrnehmung, mit neuen Energien und Viren. All das ist normal, auch wenn es vielen Angst macht und vielen nicht bewusst ist. Das gilt auch für das Phänomen der geistigen Welt – es gibt weit mehr als wir mit dem menschlichen Auge sehen können. Wir können uns jederzeit mit den himmlischen Mächten verbinden und um Unterstützung bitten – mit unserem geistigen Team, mit Engeln, Krafttieren oder anderen lichtvollen Wesenheiten.

Der Aufstiegsprozess

Wir leben in einer Zeit des Wandels und der Schwingungserhöhung, von den Metaphysikern mittlerweile wissenschaftlich bestätigt: Die Energien auf der Erde steigen stetig an, ausgelöst von einem alle 13.000 Jahre sich wiederholenden Zyklus. Mit dem Aufstiegsprozess kommen immer höher schwingende Energien und Wesen auf die Erde. In diesem großen Transformationsprozess geht es im Wesentlichen darum, das Gleichgewicht zwischen den männlichen und weiblichen Energien wieder herzustellen. Auf der Erde, ebenso in uns Menschen wollen die weiblichen und männlichen Kräfte heilen und in Harmonie gebracht werden. Wie außen, so innen. Es ist nicht nur ein Aufbruch vom Ego zurück ins Herz, es ist auch ein Aufbruch zurück in die Ganzheit in sich selbst. Es ist der Weg vom Ablegen der alten, destruktiven Macht und Machtkämpfe hin zu einem Neubeginn im Herzen. Hin zu dem göttlichen Licht in uns, das die Quelle wahrer Macht und Stärke ist.

Wahre Macht hat derjenige, der mit sich verbunden ist und tief in sich ruht. Weil er seine Stärke aus der göttlichen Quelle in sich bezieht – aus dem Wesenskern, nicht aus dem Ego.

Diesen Weg gehen wir alle, bewusst oder unbewusst. Der Weg zu unserem wahren spirituellen Sein. Es ist ein großer Klärungs-, Loslass- und Heilungsprozess – für uns Menschen, für Systeme und Mutter Erde. Seit vielen Jahren wird die Erde mit lichten, hochfrequenten Energien geflutet, um von der dichten Energie der 3. Dimension in die lichten Energien der 5. Dimension aufzusteigen. Diese einströmenden Energien durchdringen alles, was lebt: Unsere physischen und feinstofflichen Körper, ebenso älteste Informationen, die im Wasser, in Steinen, Kristallen, Bäumen und in der gesamten Natur gespeichert sind. Denn nichts, was wahr ist, kann auf Dauer verloren gehen. Alles Negative, niedrig Schwingende und nicht Geheilte wird durch die ansteigenden Energien sichtbar, um transformiert zu werden. Im Kleinen und im Großen. Im Innen und im Außen. Die physischen, mentalen, emotionalen und spirituellen Anteile des Menschen werden dabei zunehmend verbunden. Grenzen mittlerweile schneller überwunden. Das führt zu Veränderungen, die sich seit vielen Jahren auch in der Welt und im Weltgeschehen zeigen. Wissen um diesen umfassenden Transformationsprozess macht das Leben leichter und befähigt uns, die Prozesse ganzheitlich zu verstehen und zu unterstützen.

Hilfreiches beim Aufstieg

Hilfreich ist es bei den ansteigenden Energien, im Körper zentriert und stabil zu sein – sich deshalb regelmäßig zu erden und den physischen wie auch die feinstofflichen Körper zu klären und zu stärken: Mit ausreichendem Schlaf und Bewegung, gesunder Ernährung, viel Wasser und Tee. Indem wir uns mit der irdischen und kosmischen Heilenergie verbinden und uns auf allen Ebenen reinigen und nähren. Ebenso sinnvoll ist es, Präsenz, Bewusstheit und Wachheit zu stärken, um die komplexer werdenden Sinneseindrücke und Informationen verarbeiten zu können, die in den kommenden Jahren immer mehr Menschen zugänglich werden (sog. mediale Wahrnehmung). Die neuen Energien sind Bewusstsein weitend und Herz öffnend. Schauen wir, wo wir mit unserem Bewusstsein vor 10 Jahren waren und wo wir heute sind. Blicken wir auch auf unsere Herzensentwicklung und unser Liebesleben. Seit vielen Jahren gibt es intensive Klärungsprozesse in Beziehungen jeder Art. Was nicht unserem wahren Wesen und Leben, was nicht unserem Seelenweg entspricht, werden wir loslassen müssen. Je größer der Widerstand ist, desto schwieriger und schmerzhafter erleben wir diese Zeit. Führung erfahren wir von innen heraus – über unser Herz und unsere Seele.

Wir erkennen das für uns Wahre in der Regel daran, dass es einfach ist, dass es sich stimmig anfühlt und fließt. Beziehungen und Kooperationen sind für uns sinnvoll und im Sinne des Göttlichen, in denen auf beiden Seiten Ausdehnung und Erblühen erwünscht sind. Wo sich beide Seiten frei und in Liebe entfalten können. Aus allen anderen Zusammenhängen wird uns Uranus in Stier bis 2026 entweder unsanft herausheben oder wir gehen selbst aus dem, was uns nicht mehr entspricht.

Wo Menschen dich gerne leuchten sehen,
wo dein Strahlen nicht unterdrückt oder beneidet wird –
da bist du zu Hause, liebe Seele.

Neue Grenzen

Dieser große Heilungs- und Klärungsprozess erfordert auch, dass wir lernen, die eigenen Grenzen zu erkennen, sie zu achten und zu schützen. Die physischen und feinstofflichen Grenzen, wir haben auch eine Aura um uns herum. Gleiches gilt für die Grenzen anderer. Das ist ein großes Lernfeld für uns Menschen – geistige, körperliche und seelische Grenzüberschreitungen und Missbrauch sind weit verbreitet und finden überwiegend im Verborgenen statt. Neue Grenzen braucht es auch im Kollektiv, um den Vertreibungen ganzer Völker ein Ende zu setzen. Ebenso wichtig ist es, der Familie als Hüter der inneren Stabilität einer Gesellschaft wieder einen würdigen Platz einzuräumen – und wo es nötig ist, Heilung in die Familiensysteme und Ahnenlinien zu bringen. Dazu gehört auch, die Mutter-Kind-Bindung in frühen Jahren sicher zu stellen. Denn sie ist die Basis für ein glückliches Leben und das Urvertrauen ins Leben – und damit die Basis einer starken, gesunden Gesellschaft.

Ich bin ich selbst und alles, was um mich herum ist –
und wenn ich es nicht schütze, wird es mich nicht schützen.

(José Ortéga Gasset)

Die Kinder sind unser höchstes Gut. Das bedeutet für uns Erwachsene, auch das eigene innere Kind lebendig sein zu lassen und es in seinen Bedürfnissen ernst zu nehmen. Wie auch die NEUE FRAU und den

NEUEN MANN zunehmend zu verkörpern. Beides sind Entwicklungswege für jeden von uns. Wir Menschen brauchen Heilung auf allen Ebenen. In den kommenden Jahrzehnten wird es sehr viele geistige und seelische Wunden zu heilen geben. Das Lichtkind in uns und unser Herz sind dabei unsere Führer und weisesten Lehrer.

Die NEUE FRAU und der NEUE MANN
sind emotional erwachsen, selbstbestimmt und innerlich frei.
Sie sind in ihrer Ganzheit und in ihrer Eigenmacht angekommen,
mit der sie verantwortungsbewusst und liebevoll umgehen.

Sie sind zur Königin, zum König im eigenen Reich geworden,
die nicht herrschen wollen, sondern in Liebe führen.
Sie leben und lieben aus dem Herzen.

Sinn

Diese Zeit ist eine besondere in der Menschheitsgeschichte. Eine große Wendepunktzeit und ein Geschenk, denn unausweichlich lenkt sie den Blick auf Disharmonien jeder Art – im Persönlichen und im Kollektiv. Die Zeitqualität eignet sich, um eine Standortbestimmung vorzunehmen. Lasse die letzten 10 Jahre bis heute Revue passieren:

Wann und wo bist du von deinem Herzensweg abgekommen? Welche Angst hält dich noch im Alten fest?

Akzeptiere alles, was war in deinem Leben – nimm dich und deine Vergangenheit vollständig an. Damit sich Altes lösen kann... So findest du Frieden und alle Antworten zu deinen Problemen. Es ist hilfreich, aus dem Urteil und der Bewertung auszusteigen – aus dem Dualitäts-bewusstsein, dem alten Geist. Was uns an anderen stört, hat vor allem mit uns selbst zu tun. Jeder darf sein, wie er ist und leben, wie er möchte – solange die Grenzen anderer nicht verletzt werden. Aber wir dürfen wählen und uns fragen, ob ein Miteinander oder eine Situation Freude machen und Energie schenken. Denn DU bist der wichtigste Mensch in deinem Leben, so darfst du das Beste für dich wählen! Vertraue dabei bedingungslos deinem Herzen.

Wer in der Vergangenheit bevorzugt sein Ego gepflegt hat, kann diese Jahre als sehr anstrengend erleben. (Innere) Konflikte können hervor-brechen. Geheimnisse, Verborgenes, nicht passende Verbindungen und Lebensumstände werden weiter sichtbar. Die hochfrequenten Energien durchfluten alles und werden früher oder später alles ans Licht bringen. Das ist ein großer Segen des Aufstiegsprozesses.

Was es jetzt braucht ist eine Öffnung. Eine Öffnung für neue Blickwinkel, neue Lösungen und einen neuen Umgang mit Macht und Stärke. Wenn wir so weiter machen wie bisher, werden wir die gleichen Ergebnisse erzielen wie immer: Wir stopfen Löcher und drehen uns im Kreis. Anstatt tiefer zu blicken auf die wahren Ursachen aller Missstände in der Welt – die vorherrschende Angstherrschaft und Fremd-bestimmung der Menschen.

Es ist Zeit für grundlegende Veränderungen und ganz neue Wege!

4. Was ist wahr?

Je höher das Bewusstsein und damit die Schwingungsfrequenz
eines Menschen, umso machtvoller ist der Einfluss auf
sein Umfeld und seine Manifestationskraft.

Was ist wahr? Eine interessante Frage. Es gibt deine und meine Wahrheit – beide sind relativ. Und es gibt die göttliche Wahrheit, die absolut ist. Unter anderem ist sie in den kosmischen Gesetzen und im astrologischen Tierkreis niedergeschrieben. Für die göttliche Ordnung, die in allen Dimensionen wieder hergestellt werden will, brauchen wir Freiheit und Wahrheit. Beides fehlt in der Welt. Wie ist es in deiner kleinen Welt:

Fühlst du dich frei?
Lebst du deiner Wahrheit entsprechend?

Viele Menschen glauben, was sie denken und halten die eigene Wahrheit für die absolute Wahrheit. Der Mensch, der sich mit dem Ego identifiziert, hat gerne Recht und möchte andere davon überzeugen. Deshalb streiten und spalten so viele, hervorgerufen durch den Konflikt zwischen Glauben/ Meinung und Wahrheit, weshalb es auch noch Glaubenskriege in der Welt gibt. Gleiches gilt für die politischen Parteien. Das Parteiensystem ist ein antiquiertes Modell des Dualitätsbewusstseins, das Dauerkonflikte garantiert.

Ob das im Sinne der göttlichen Ordnung ist?

Ähnlich verhält es sich mit dem geschürten Wettbewerb in der westlichen Welt und der Konkurrenz, an die viele glauben. Es gibt sie ebenso wenig wie die Schuld. Es sind Ego-Konstrukte, um uns Menschen am Laufen und bei der Stange zu halten und Dauerkonflikte zu garantieren. Es gibt nur unsere Energie, mit der wir anziehen, was uns energetisch entspricht. Sobald wir das im Herzen verstanden haben, erkennen wir, dass es im Wesentlichen darum geht, Verantwortung für die eigene Energie zu übernehmen: Sie zu klären, zu pflegen und zu schützen, die eigene Schwingung zu erhöhen und bewusst mit seiner Energie umzugehen. Indem wir uns beispielsweise fragen, ob wir besagte Ego-Konstrukte mit unserer Energie nähren wollen.

Wenn du das Geheimnis des Universums entschlüsseln möchtest, musst du anfangen, in Energie, Frequenz und Vibration zu denken.

(Nicola Tesla)

Ich fühle mich keiner Partei, Gruppierung oder Ideologie zugehörig. Ich bin weder rechts, noch links, noch bin ich eine Verschwörungs-theoretikerin und bin mit 19 Jahren aus der katholischen Kirche ausgetreten. Ich bin frei.

a) Neue Kommunikation

Die Mondknotenachse läuft seit Juni 2020 bis Dezember 2021 auf der Achse Zwilling-Schütze. In der Astrologie ist das die sog. Kommunikationsachse. Das Thema Kommunikation hat in 2020/ 2021 an Bedeutung gewonnen. So streiten sich in diesen Jahren die (alten) Geister, ob und wie gefährlich das Corona-Virus, das Impfen und der Klimawandel sind, was zu tun und zu unterlassen sei, um uns Menschen und die Erde zu retten. Verschwörungstheorien und alternative Medien erreichen immer mehr Menschen, und wir befüllen unsere Festplatten weiter... Häufig mit Informationen, die uns nur verwirren, belasten und konditionieren. Doch wir haben die Chance, unser Bewusstsein zu weiten – den Geist für Neues zu öffnen und ein feines Unterscheidungsvermögen zu entwickeln. Die Medien können uns dabei wunderbar unterstützen, sofern sie geistreich und wahrheitsgemäß berichten. Sie haben eine wichtige Aufgabe in einer Demokratie und eine große Macht:

„Medien sollen sowohl zur Stabilität des politischen Systems als auch zum stetigen Wandel der Gesellschaft aufgrund aktueller Entwicklungen beitragen. Dies geschieht, indem sie über alle wichtigen Bereiche der Gesellschaft, insbesondere Politik, Wirtschaft sowie Kultur und Soziales

- so vollständig, sachlich und verständlich wie möglich informieren,

- in freier und offener Diskussion zur Meinungsbildung beitragen,

- mit Kritik und Kontrolle durch investigativen (nachforschenden und aufdeckenden) Journalismus begleiten."

(Quelle: bpb – Bundeszentrale für politische Bildung.)

Die Medien nehmen somit die Rolle von Vermittlern und Hütern einer Demokratie ein. Ehrlich gesagt vermisse ich bei unseren Medien jeden obigen Punkt, vor allem den 1. und 3. Zumindest bei den Massenmedien und die sind entscheidend, sie prägen das Massenbewusstsein. Diese stehen vielmehr für tägliche Panikmache ohne bis zum heutigen Tag die tieferliegenden Ursachen der Missstände in der Welt und der Corona-Krise aufzuzeigen. Stattdessen werden Experten unterschiedlicher Couleur herangezogen, die ebenso unheilvoll verkünden, was künftig alles auf uns zukomme und wie wichtig die Vorsorge werde. Aus der puren Angst, dem alten, konditionierten Geist wird permanent kommuniziert und Einfluss ausgeübt. Mit Verlaub – den Großteil unserer Medien empfinde ich weder als geistig nährend noch als inspirierend, vielmehr wie eine Riesen-Gehirnwäsche.

Wie kann das sein – in einer Demokratie?

Dazu möchte ich auch an den Zweck der Gewaltenteilung erinnern:

„Die Gewaltenteilung gehört zu den Prinzipien unserer Demokratie und ist im Grundgesetz verankert. Die staatliche Gewalt ist in mehrere Gewalten aufgeteilt: Die legislative (gesetzgebende), die exekutive (vollziehende) und die judikative (Recht sprechende) Gewalt sollen sich gegenseitig kontrollieren und staatliche Macht begrenzen."

(Quelle: Deutscher Bundestag)

Auch dies nehme ich anders wahr. Die staatliche Macht wird in Deutschland weder kontrolliert noch begrenzt, zumindest nicht genügend und nicht von den Gewalten und Medien. Wobei der Begriff „Gewalt" schon bezeichnend ist. So haben die Drei dennoch große Macht auf die Bevölkerung und deren Bewusstsein – allein wegen des Vertrauens, das ihnen aufgrund ihrer erhabenen Position entgegengebracht wird.

Wie kann das sein – in einer Demokratie?

Weil ich glaube, dass die drei Gewalten kontrolliert und fremdbestimmt sind, ebenso ein Großteil der Medien und Machtinhaber in zentralen Positionen – in sich selbst und/ oder vom Außen. Es läuft ab wie schon immer: Diktiert wird von denen, die an den Hebeln sitzen und nicht sichtbar sind – und vom eigenen konditionierten Geist. Und die Masse macht mit, schweigt, schaut weg oder hat keine Ahnung. Es fehlt der freie Geist, auf weiter Linie! Es fehlen integre Menschen in einflussreichen Positionen, die frei von jeglichen Konditionierungen sind und mit Herz, Rückgrat, Durchblick und gesundem Menschenverstand führen. Wo seid ihr?

Doch ich habe das Gefühl, dass sich bei den Medien und manchen Politikern langsam was tut. Im besten Fall erwacht in den nächsten Jahren eine neue (Meinungs-)Freiheit der Journalisten, Politiker, der gesamten Bevölkerung und Weltgemeinschaft – wie überhaupt eine Neue Kommunikation. Bei der wir Deutschen uns auch wieder der Schönheit und Ausdruckskraft der deutschen Sprache bewusst werden und diese nicht in genderisierter Sprachverunstaltung beleidigen. Mir als Poetin tut das in der Seele weh. Sinnvoller wäre doch in diesen Zeiten, sich auf das Wesentliche zu konzentrieren.

Betonen möchte ich gleich zu Beginn, dass ich in meinem Buch gegen niemanden wettern möchte, auch nicht gegen Berufsgruppen und Kreise, die kritisch betrachtet werden. Nichts liegt mir ferner als eine weitere Spaltung der Gesellschaft. Doch ich bin ein Freund von ehrlichen Worten und Wahrhaftigkeit – so erlaube ich mir, meine Wahrnehmungen hier offen zu teilen und tiefer zu blicken. Versprochen sind ja Lösungen und ein neuer Blick auf dich und die Welt. Ohne zu verurteilen, denn ich bin davon überzeugt, dass der Mensch meistens tut, was er kann – seinem Bewusstsein entsprechend. Und genau darin liegt der Knackpunkt: Welchem Geist entspringen die Missstände, die wir nicht erst seit der Krise in unserer Gesellschaft und der Welt vorfinden?

Bewusstheit

Es ist sinnvoll, bewusst zu wählen, was wir konsumieren – auf allen Ebenen. Alles ist Energie, ebenso Worte, Wissen und Informationen. Sie tragen eine Schwingung in sich, die nährend und erhebend oder zehrend bis erschöpfend sein kann. Neben einer sorgfältigen Auswahl der

Gedanken, Gefühle, Worte, Informationsquellen und Gesprächspartner gehört zur Neuen Kommunikation auch Mut: Der Mut, sich in der eigenen Wahrheit und Meinung zu zeigen und andere Meinungen zu tolerieren. Wie auch Herz und Verstand zu verbinden. Erst dann wird Kommunikation berührend und wahrer Austausch möglich. Je echter wir sind in unserem Ausdruck, je mehr wir es wagen, uns in unserer Wahrheit zu zeigen, umso authentischer werden wir. Letzten Endes geht es immer darum, VERBINDUNG zu schaffen. Und wahre Verbindung entsteht durch wahre Kommunikation.

Fangen wir an, unser wahres Gesicht zu zeigen. Das ist ein höchst spiritueller Akt, ein mutiger noch dazu. Und ein wahrhaftiges Miteinander kann beginnen.

Wahrheit ist relativ – sie ist ein stetig wachsender Bewusstseins- und Erkenntnisprozess. Je größer die Erkenntnis ist, umso mehr wachsen wir ins Lehrer-Sein (Schütze) hinein, um Wissen zu teilen (Zwilling). Die eigene Wahrheit und Meinung korreliert mit der Schütze/ Jupiter-Energie. Bevor wir auf dieses heitere Gespann blicken, schauen wir zunächst auf die göttliche Wahrheit, die in den *Kosmischen Gesetzen* niedergeschrieben ist und in der Astrologie mit Fische/ Neptun korreliert.

b) Gesetzmäßigkeiten

Die kosmischen Gesetze, die auch die *Hermetischen Gesetze* genannt werden, gehen auf Hermes Trismegistos zurück, der im alten Ägypten gelebt hat. Sein Wirken wird auf die Zeit vom Propheten Mose geschätzt, ca. 1400 bis 1200 vor Chr. Seine Lehren sollen auf Smaragdtafeln in Form von sieben Prinzipien festgehalten worden sein. Diese Lehren enthalten tiefe Lebensweisheiten. Ich führe sie hier auf, weil sie eine wundervolle Inspiration für ein erfülltes und erfolgreiches Leben sind. Mit diesen Gesetzen kannst du dich und dein Leben besser verstehen – und wenn du möchtest, dich und dein Leben in die göttliche Ordnung bringen.

Die Gesetze

1. Gesetz der Geistigkeit

2. Gesetz der Resonanz

3. Gesetz der Schwingung

4. Gesetz der Polarität

5. Gesetz des Rhythmus

6. Gesetz von Ursache & Wirkung

7. Gesetz des Geschlechts.

1. Gesetz der Geistigkeit

Alles beginnt im Geist.
Alles beruht auf Energie.

→ Alles ist Geistigkeit beziehungsweise Bewusstsein. Alles, was du um dich herum siehst, war zunächst als feinstoffliche Energie ein Gedanke (Bewusstsein), bis es sich grobstofflich manifestiert hat. Der Ursprung unseres Lebens ist rein geistiger Natur – und du bist der Schöpfer deiner Realitäten: Alles entsteht in dir und wird durch den Geist erschaffen. Wenn du erkennst, dass die physische Realität, die du erfährst, nur ein Spiegel deiner geistigen Verfassung ist, kannst du Verantwortung übernehmen und dich als der Schöpfer erfahren, der du bist – und damit beginnen, bewusst zu manifestieren!

Schlüssel: Befreie deinen Geist von alten Konditionierungen – erwecke und kläre ihn mit deinem inneren Licht. Werde in deiner inneren Welt das, was du in der äußeren Welt sein und erschaffen möchtest.

2. Gesetz der Resonanz

Gleiches zieht Gleiches an:
Wie oben so unten.
Wie innen so außen.
Wie im Kleinen so im Großen.

→ Du ziehst in dein Leben, was dir entspricht, was mit deiner Schwingungsfrequenz im Einklang ist. Dein Innenleben spiegelt sich in der äußeren Erfahrung wider, und diese äußeren Erfahrungen verstärken wiederum deine Überzeugungen im Innen. Wir sind vergleichbar mit Stimmgabeln, die selbst entscheiden, welche Töne sie aussenden und empfangen. Wie bist du gestimmt, bist du im Einklang? Tönt aus dir die Melodie deines Herzens? Entsprechendes wirst du anziehen.

Schlüssel: Stimme dich wieder auf dein wahres Wesen ein. Finde in deine Mitte, um aus dieser zu leben und harmonisch zu tönen. Sei das, was du dir im Außen wünschst.

3. Gesetz der Schwingung

Alles ist Energie.
Alles bewegt sich.
Alles ist in Schwingung.

→ Alles schwingt und klingt. Alles tanzt. Auch die Dinge, die in Ruhe zu sein scheinen, sind auf energetischer und atomarer Ebene in ständiger Bewegung. Es gibt keinen Stillstand! Wenn es um die Lebensgestaltung geht, spielt die eigene Schwingungsfrequenz eine wichtige Rolle: Deine Gedanken- und Gefühlswelten bestimmen darüber, auf welcher Ebene sich deine Gesamtfrequenz befindet. Begegnest du dem Leben im (hochschwingenden) Fülle-Bewusstsein und in Dankbarkeit statt im (niedrigschwingenden) Mangel-Bewusstsein und im Urteil, wirst du fortwährend reichen Segen erleben.

Schlüssel: Sei zutiefst dankbar für das, was in deinem Leben ist und für das, was du dir wünschst – es ist bereits in deinem Feld und auf dem Wege zu dir. Um es zu dir zu ziehen, musst du es zuvor geistig in Besitz nehmen. Lebe in einer dankbaren Haltung und in Freude – so, als wäre es bereits in deinem Leben.

4. Gesetz der Polarität

Alles hat zwei Pole.
Alle Wahrheiten sind Halb-Wahrheiten.
Widersprüche können in Einklang gebracht werden.

47

→ Das Gesetz der Polarität beschreibt die Dualität aller Dinge. Es erklärt, dass nichts ohne ein entsprechendes Gegenteil existiert – und beide Teile gleichwertig und eins sind. Scheinbare Gegensätze sind dasselbe, sie unterscheiden sich nur im Grad ihrer Erscheinung. Somit ist nichts festgelegt. Eigene Wahrheiten, Meinungen und Standpunkte sind immer nur ein Teil des Ganzen und beinhalten auch das Gegenteil in sich. Deshalb ist die eigene Wahrheit immer relativ. Deshalb sind Licht und Schatten gleichwertig. Deshalb gibt es kein *entweder oder*, sondern nur ein *sowohl als auch* beziehungsweise ein *und*.

Schlüssel: Du hast die Wahl, zu welchem Pol du möchtest. Passe deine Schwingung entsprechend an. Oder wähle die Ganzheit, integriere beide Pole – in dir und in deinem Leben.

5. Gesetz des Rhythmus

Alles ist im Fluss und im Rhythmus. Alles hat seine Gezeiten.
Alles erhebt sich und fällt – der Schwung des Pendels äußert sich in allem.

→ Dieses Gesetz beschreibt das Hin- und Her-Fließen von einem Pol zum anderen. Die scheinbaren Gegensätze bilden einen Kreislauf, der sich in allem zeigt: Im Ein- und Ausatmen, im Entstehen und Vergehen von Welten, Kulturen und Nationen. In der Geburt und im Tod von Menschen, Tieren und Pflanzen. Mutter Erde zeigt es uns in Form der Jahreszeiten, durch Ebbe und Flut und den natürlichen Wandel der Zeit. Somit unterliegt alles einem Stirb und Werde. Alles in unserem Leben und im Universum bewegt sich in einem fortwährenden, natürlichen Zyklus. Nach einem Tief folgt somit immer ein Hoch! Dieser Kreislauf lässt sich neutralisieren, zumindest sein

Einfluss auf dich: Wenn du dich in deiner Mitte, im Gleichgewicht befindest, sind hoch oder tief, rechts oder links nicht
mehr von Bedeutung. Das Pendel schwingt zwar weiter, doch du
bindest dich nicht mehr daran.

Schlüssel: Lebe nicht im Innen, lebe nicht im Außen. Lebe aus
deiner Mitte heraus, im Hier und Jetzt. Gehe mit den natürlichen
Lebenszyklen, kämpfe nicht dagegen an. Lebe in deinem Lebens-
rhythmus, tanze in deinem Takt. Jeder hat seinen ganz eigenen
Rhythmus – entsprechend dem Universum, das er in sich trägt.

6. Gesetz von Ursache & Wirkung (Karma)

Jede Ursache hat ihre Wirkung.
Jede Wirkung hat ihre Ursache.
Alles geschieht gesetzmäßig.

→ Alles beruht auf Gesetzmäßigkeiten. Nichts passiert zufällig
oder einfach so. Was du in die Welt hinaus sendest, entfaltet
seine Wirkung und kehrt zu dir zurück. Was dir widerfährt, ist
einer Ursache vorausgegangen, die du (mit)gesetzt hast. Das
Wirken dieses Gesetzes hilft dir dabei, Geschehenes aus einer
neuen Perspektive zu betrachten. Ungerechtigkeit gibt es nicht.
Alles passiert für und nicht gegen dich – und alles fördert deine
fortwährende Entwicklung. Dank dieses Gesetzes kannst du eine
höhere Achtsamkeit gegenüber dem entwickeln, was du in die
Welt hinaus sendest und empfängst (Gedanken, Gefühle, Worte,
Taten). Das Erleben und die Wahrnehmung von Wirkungen in
deinem Leben werden klarer.

Schlüssel: Säe in deinem Leben und in deinen Beziehungen das, was du ernten möchtest.

7. Gesetz des Geschlechts

Geschlecht ist in allem – alles hat weibliche und männliche Prinzipien. Geschlecht offenbart sich auf allen Ebenen.

→ Dieses Prinzip besagt, dass alles männliche und weibliche Eigenschaften in sich trägt. Beide Aspekte bilden eine Einheit und sind keine Gegensätze. Es geht um die Harmonie von Yin und Yang – Urprinzipien, die allem Leben innewohnen. Es ist ein andauerndes Geben (männlich) und Empfangen (weiblich), das auf allen Daseins-Ebenen stattfindet. Beide Prinzipien sind gleichwertig und wollen in Balance sein, damit sich Dinge ganz entfalten können. Unabhängig vom biologischen Geschlecht tragen auch wir Menschen weibliche und männliche Anteile in uns. Damit du als ganzheitlicher Mensch leben und dein volles Potenzial entfalten kannst, ist es wichtig, beide Seiten zu integrieren. Du bist ganz in dir selbst! Durch das Verbinden der männlichen und weiblichen Aspekte – im Innen und Außen – entsteht eine machtvolle Einheit, die eine große schöpferische Kraft entfalten kann.

Schlüssel: Versöhne die weibliche und männliche Seite in dir. Suche nicht nach Kompensation im Außen. Auf diese Weise erweckst du dein gesamtes Potenzial und wirst heil und ganz in dir selbst. Mit der Folge, Beziehungen von einer ganz neuen Qualität leben können.

Wir sehen, nichts ist wirklich neu von dem, was wir Menschen in die Welt bringen. Alles gibt und gab es schon. Dennoch machen wir es immer wieder einzigartig – durch die Art und Weise, wie wir es interpretieren und es neu aus uns geboren wird. Doch diese uralten kosmischen Gesetze sind für viele tatsächlich neu!

Wie sähe unsere Welt aus, wenn Machtinhaber und alle Menschen von den kosmischen Gesetzen wüssten und danach leben würden?

Wenn sie bereits von den Eltern und in der Schule vermittelt würden?

c) Weisheit

Weisheit ist gelebte Liebe –
Wissen, das aus dem Herzen kommt.

Der Schütze und sein Herrscherplanet Jupiter stehen in der Astrologie für die eigene, subjektive Wahrheit. Somit auch für den Glauben und die Kraft der Überzeugung. Die eigenen Überzeugungen zu überprüfen, ist lohnend, denn sie prägen dein Leben entscheidend. Vor allem das, was du über dich selbst glaubst. Alles, was bis zum heutigen Tag in deinem Leben war, ist das Resultat deiner inneren Überzeugungen. Diese wiederum formen dein Selbstbild, und wir handeln immer im Einklang mit unserem Selbstbild. Tiefe innere Überzeugungen, wie beispielsweise nicht gut genug, nicht schön genug, nicht klug genug… *Nicht genug* zu sein, prägen das Leben nachhaltig und ziehen im Außen ebenso Ungenügendes an.

Ich bin

ICH BIN – das sind die 2 machtvollsten und schöpferischsten Worte im Universum. Durch diese Worte möchte das Göttliche durch dich wirken. ICH BIN meint die göttliche Gegenwart... Diese besonderen Worte bilden die Grundlage für dein Selbstbild. Jedes Wort, das auf ICH BIN folgt – auch und vor allem unbewusst –, prägt deine Identität und dein gesamtes Leben. Es bestimmt, wie du dich fühlst, auf welche Weise du agierst und welche Entscheidungen du triffst. Du gibst dir damit deine Identität. Diese mächtigen Worte bewusst zu hochschwingenden Überzeugungen auszuformulieren und sie zu fühlen, ist ein Geschenk, das du dir selbst machen kannst. Wenn du magst, vollende die folgenden Zeilen. Lasse dein Herz sprechen, du wirst einiges über dich erfahren:

ICH BIN…
ICH BIN…
ICH BIN…
ICH BIN…
ICH BIN…

Ich bin unendlich wertvoll.
Ich bin unendlich liebenswert.

Diese zwei Sätze sind mittlerweile meine heiligen Sätze. Es hat einige Zeit meines Lebens gedauert, bis ich erkannt habe, wie tief das Thema der mangelnden Selbstliebe und des geringen Selbstwertes in mir gewirkt hat. Themen, die vermutlich den Großteil der Menschheit betreffen, sonst sähe die Welt anders aus. Manchmal reicht der Ursprung bis weit in vergangene Inkarnationen hinein. So habe ich in diesem Leben ein Familiensystem gewählt, das mich gründlich an dieses Heilungsthema herangeführt hat – neben beruflichen Partnern, Liebespartnern, Freunden… Alles ist Spiegel. Um zu meinen neuen Überzeugungen zu gelangen, war es notwendig, meine Vergangenheit zu heilen und zu befrieden: Allen zu verzeihen, die mich verletzt haben – und mir zu verzeihen, dass ich andere verletzt habe. Frieden mit mir selbst zu schließen und mit allem, was war. Die Seelen, die in dieser Zeit inkarniert sind, haben sich häufig einiges vorgenommen, denn wir können in zehn Jahren heilen, wofür wir früher hundert Leben gebraucht hätten. Das liegt an den ansteigenden Energien, wir werden mächtig von den lichtvollen Kräften bei unserer Befreiung unterstützt. Vergessen wir dabei nicht: Die Seele wählt vor der Inkarnation, welche Themen sie lösen möchte. Letzten Endes ist alles unsere Wahl, auch wenn wir uns nicht mehr daran erinnern können und unser Ego mit manchem hadert. Die Heilung der Vergangenheit – wie klein oder groß sie sein mag – ist wichtig für jeden von uns und für die gesamte Menschheit.

Es ist die nicht geheilte Vergangenheit, die das wahre menschliche Lebens- und Liebespotenzial bis heute blockiert.

Wären alle Menschen von den beiden obigen Sätzen überzeugt und würden diese Wahrheiten fühlen und leben, wären wir dort angekommen, wo es für uns alle hingeht: Wir würden die wahre Schönheit und den wahren Reichtum des Menschseins erkennen, würdigen und feiern! Und dann…. Halleluja!! Corona, Impfen, Kriege, Kontrolle, Konflikte, Trennungen, Missbrauch etc. – nichts von alledem würde es mehr geben. Wir wären mit unserem Wesenskern verbunden – göttliches, tanzendes Licht. Dieses göttliche Licht in sich zu erkennen und es zunehmend zu verkörpern ist eine der schönsten Heraus-forderungen in diesen Jahren und die Bestimmung eines jeden.

Es braucht nur deine Entscheidung.

Weisheit sind die Entscheidungen,
die aus Liebe getroffen werden.

Nimm dir für diese Entwicklung die Zeit, die du brauchst – bis dein Licht weit hinaus strahlt und dich und deine Mitmenschen wärmt. Vergleiche dich nicht mit anderen. Jeder hat seinen eigenen Lebensweg mit unterschiedlichen Lebensaufgaben. Für jeden gibt es einen ureigenen höheren Plan, den die Seele kennt. Je freier deine Seele ist, desto klarer kannst du diesen Plan erkennen. So weiß niemand besser als du, was für dich stimmig ist. Dieses Buch hätte ich keinen Tag früher veröffentlichen können. Es brauchte meine Erfahrungen, die tiefen Einblicke, die ich erhalten durfte und viel Heilung. Es brauchte ein Heranreifen des Buches – das ist die weibliche Energie, das weibliche Manifestieren: Hier bebrüten wir die Dinge solange und lassen sie im natürlichen Rhythmus des Lebens wachsen, bis sie leicht hervorkommen. Deine Erfahrungen, deine Liebe und Weisheit sind ein großer Schatz! Deshalb entspanne dich, damit deine Seele dir sagen kann, was wann dran ist – und sei höchst wertschätzend mit dir selbst, wie eine liebevolle Mutter es sein würde. Mach dich nie wieder klein, und lass dich von niemandem klein machen. Setze Grenzen, wo es nötig ist. In der Folge wirst du neue Situationen, Lebensumstände und Menschen anziehen. Wertschätzende und liebenswerte Menschen, die das Licht in sich und in jedem Menschen erkennen und würdigen.

Ihr merkt es schon, da spricht der Jupiter in mir. Kommen wir nun zu dieser lichten Energie, die so wichtig ist beim Übergang in die Neue Zeit.

Schütze/ Jupiter

Ebenso wie der Skorpion wirkt auch der Schütze in jedem von uns. In der Astrologie steht Schütze/ Jupiter nicht nur für die eigene Wahrheit, sondern auch für das göttliche Licht im Menschen, mit dem es sich wieder rück zu verbinden gilt. Das innere Licht, das uns ermöglicht, die göttliche Wahrheit zu schauen (Jupiter ist Altherrscher von Fische). Diese Verbindung führt uns zu unserem inneren Schatz, zu unserer Weisheit, die ebenfalls mit Schütze/ Jupiter korreliert. Weisheit ist gelebte Liebe – Wissen, das aus dem Herzen kommt.

Jupiter steht ferner für Freude, Glück, Vertrauen, Zuversicht, Segen und Gnade. Für den Sinn des Lebens, für (Selbst-)Erkenntnis und Bewusstseinserweiterung. Der Aufstiegsprozess bedeutet einen großen Bewusstseinswandel, die Geister wollen erwachen – dafür brauchen wir Jupiter! So erkennst du dich hoffentlich im folgenden Text wieder:

Was ist wahr?
(Schütze – 23.11. bis 21.12.)

Der Skorpion hat es gespürt: Weit mehr gibt es als wir sehen und begreifen. Weit mehr auch als aus Worten kann reifen. Diese Kräfte, die unentwegt wirken, uns alle verbinden – letztlich auch unsere Wahrheit lassen finden. Der Schütze spürt all dies nicht nur, er weiß: Nicht durch logisches Denken, durch den Verstand – die Intuition hat hier die Oberhand. Die ohne den egozentrischen Geist schlicht weiß. Mit diesen unsichtbaren Kräften fühlt der Schütze zutiefst sich verbunden, weshalb er nicht aufhört, die Welt zu erkunden. Was hinter dem Sichtbaren wirkt, er will es verstehen und erklären – zuweilen auch die Welt belehren. Und bei all diesem rastlosen Umherstreifen er ständig möchte reifen. Denn stete Bewusstseinserweiterung ist sein höchstes Ziel. Nie wird ihm dafür was zu viel.

So taucht der Skorpion aus der Tiefe nun als Schütze hervor. Verwandelt, seitdem er mit der Unterwelt hat angebandelt. In dieser hat er sein Licht entdeckt, das durch ihn scheint, manch einen auch verschreckt. Sehenden Auges, den göttlichen Funke in sich – was die Welt nun alles verspricht! Er brauchte zuvor das Dunkel, die erschütternden Erfahrungen... sonst hätt´ er heut´ nicht seine Ahnungen. Auch das LICHT könnt er nicht erkennen, seine Wahrheiten nicht benennen. Ja, alles ist immer gut so wie es ist – das weiß der Schütze, dieser hoffnungsvolle Optimist. Ist er doch im Element des Feuers zu Haus, somit kraftvoll, mutig und allen voraus. Ist voller Elan, dem Übermut so nah – was immer zuvor auch geschah.

Er richtet sich auf und schießt seinen Pfeil – wie könnt´ es anders sein – gen Himmel... Zu Höherem berufen kann er nur sein! Im hellen Sonnenlichte erscheint sie ihm dann: Seine Vision, wird flugs auch zu einer Mission. „Werde wahr, werde wahr!" Ruft er, sie ist so nah und so real... Sie anzustreben fortan sein höchstes Ideal. So begibt er sich auf seine Reise – voller Begeisterung und Zuversicht, halt auf seine Weise. Denn hat er seine Wahrheit erst einmal erkannt, passiert so allerhand... Geführt wird er nun von innen heraus: Den eigenen Richter in sich, braucht er niemanden mehr, der sagt, was richtig wohl ist. Und dank seiner Eigenmacht wird er von niemandem mehr abgebracht. Frei und mutig geht er also seinen Weg. Oh ja, er fühlt sein Privileg: Dieses göttliche Vertrauen in sich und das Leben, das ihn führt und stets will erheben!

Dem Schützen aber geht´s nicht nur um Horizonterweiterung, nein, auch um Erheiterung. Denn was er so wunderbar kann – über sich lachen, ist er auch ein kleiner Mann. Und nicht nur die Komik, er kennt auch die Gnade. In Überwindung alles Alten lässt gerne er sie großzügig walten. Brauchte der Skorpion noch die Rache, die Vergeltung, kann der Schütze vergeben, sich über die Dinge erheben. Wohl wissend, dass zur Ganzheit auch der Schatten gehört, der niemals sollte sein unerhört. So hat der Schütze die Gabe, mit dem Ganzen zu gehen – in jedem Moment den Sinn zu sehen. Nur der Verstand will urteilen und richten, doch mitnichten: Der Schütze nutzt nicht nur den Verstand – wie schon erwähnt, die Intuition hat bei ihm die Oberhand. Diese kosmische Intelligenz, die durch ihn fließt – alles nötige Wissen über ihn ergießt. Ihn zu seiner Klarheit und Wahrheit führt, vom Gerede der anderen ganz unberührt.

Und weil der Schütze so geistreich ist und klug, wird er schließlich weise auf seiner Pilgerreise. Er erkennt, dass seine Wahrheit nur ihm gehört. Ist damit zwar wichtig, aus seiner Sicht auch richtig. Doch ebenso es den anderen geht. Jegliche Hybris wird damit obsolet. Ein Jeder deutet die kosmischen Gesetze auf die eigene Weise — entsprechend seiner evolutionären Reise. Wahrheit ist also relativ, erkennt er schließlich alles andere als naiv. Statt andere von seiner Welt zu überzeugen, sie gar zu bekehren, lässt zuweilen er sich nun belehren. Will erfahren, sich austauschen und anregen lassen. Nur ja nichts von der Welt verpassen. Entdeckt dabei auch das Geschenk der Inspiration, nun bevorzugt gepaart mit der Diskussion. Denn wer weiß — vielleicht gibt es Gedanken, die ihn lassen schwanken. Sein Weltbild bringen gar ins Wanken...

So sieht sie aus, des Schützen´s Lebensreise. Mit der Sonne stets im Gesicht — wie hell und bunt seine Welt doch ist! Eines jedoch noch gesagt sein muss: Die eigene Wahrheit zu leben durchaus kann führen zu Verdruss. Denn die geltenden Normen, all die Zeigefinger, verurteilen gerne und oft — so sehr die Eigenart des Menschen angeblich ist erhofft. Sie verurteilen, um sich selbst zu erheben — anstatt sich dem Blicke in den Spiegel zu ergeben.

Der reife Schütze aber hat sich von all dem befreit und ist endlich bereit: Würdevoll steht und geht er für sich — selbst wenn alles um ihn herum zusammenbricht. Und ob er polarisiert? Ihn interessiert´ s schlicht nicht.

(Hamburg, im Dezember 2010)

5. Das Erbe der Menschheit

*Was wir Menschen je an Liebe und Weisheit auf Erden
eingelebt haben, ist unvergänglich. Es ist
unser Schatz, unser Neubeginn.*

Im Jahr 2020 habe ich drei Botschaften empfangen, die weiterhin gelten. Erklärende Worte dazu erübrigen sich. Die Botschaften zeigen die Wunden des Menschseins auf und das menschliche Erbe.

Botschaft zur aktuellen Lage (22. März 2020)

Liebe Seele,

es gibt nichts zu fürchten. Die gegenwärtige Situation hast du gewählt – wie alle Seelen, die in dieser Zeit inkarniert sind. In Wahrheit ist sie Grund zu großer Freude! Es geht um die Gesamtbefreiung der Menschheit aus seiner Vergangenheit von den dunklen, niedrigschwingenden Energiefeldern. Wir heilen, wir gesunden, wir erneuern uns. JETZT!

Das Erbe des Menschen ist der Neubeginn. Es ist soweit... Strukturen und Konzepte, die den Menschen und Gesellschaften nicht mehr dienen, die nicht im Sinne der göttlichen Ordnung sind, werden zerfallen. Denn bevor Neues entstehen kann, muss sich das Alte vollständig auflösen. Alles ist seit geraumer Zeit sorgfältig vorbereitet, es gibt viele fleißige Helfer im Hintergrund. Auch du kannst nun dazu beitragen: Freue dich, und vertraue! Das Virus, das aktuell die Welt in Atem hält, ist weniger bedeutend als dargestellt. Es ist ernst zu nehmen, wir haben Acht zu geben. Doch in der Form, wie es gehyped wird, soll es die Masse in Angst und Ungewissheit halten. Schalte die öffentlichen Sender an, und höre genau hin... Sie berichten nichts von dem, was sich im Hintergrund abspielt und viel bedeutender ist. Die Seelen, die gehen wollen, sind schon immer gegangen. Das werden sie auch jetzt tun. Sie tauchen ein in die friedliche Unendlichkeit des Eins-Seins... Jeder von uns wählt für sich, ob er bleiben will oder nicht und wann er geht. Gefährlicher als das Virus sind die Angst und die Sorge, die durch das Virus ausgelöst werden und das kollektive Feld stark prägen. Die Menschen und die Erde schwingen mittlerweile recht hoch. Angst senkt die Schwingungsfrequenz deutlich.

Doch nichts kann den weiteren Aufstieg der Erde und der Menschheit aufhalten... Die Erde wird seit Wochen massiv mit hochfrequenten, lichten Energien geflutet – riesige Lichtwellen kommen in unser Sonnensystem... Mit jedem Tag erhöhen sich das Licht und die Frequenzen. Sie sind Herz öffnend und Bewusstsein weitend, für jeden. Vielleicht spürst du das am Kribbeln, das regelmäßig durch deinen Körper fließt. Diese Frequenzen fühlen sich sehr schön an, können aber auch sehr erschöpfen. Der energetische Höhepunkt wird an den Ostertagen sein – die Menschheit kann eine neue Zeitlinie überschreiten, einen Quantensprung im Bewusstsein vollziehen. Dafür brauchen wir viele erleuchtete, offene Herzen und ein hohes kollektives Bewusstsein. So erwache, liebe Seele! Die Zeitlinien der Menschheit sind in der Vergangenheit immer wieder manipuliert worden. Eine dieser Zeitlinien geht nun zu Ende – die aktuelle Zeitlinie beginnt in ihren ursprünglichen Zustand zurückzukehren. Ein Meilenstein in der Geschichte der Menschheit – das Christuslicht und das Christusbewusstsein kann in vielen Herzen und Geistern neu erweckt werden.

Wir alle sind in tiefer Transformation. Wir Menschen, alle Lebewesen, die Gesellschaften, Mutter Erde... Auch das Universum um die Erde muss sich energetisch anpassen. Uns Menschen wurde kein 3. Weltkrieg geschickt – es ist ein mentaler und emotionaler Krieg, der aktuell stattfindet. Wir werden in die Angst, in die Unsicherheit und in die Unfreiheit gestürzt. Doch auch hierin liegt Segen, ein tieferer spiritueller und weltlicher Sinn: Sie erwecken im häuslichen Miteinander mit *unseren liebsten Menschen unsere Herzen. Wir dürfen unsere Ängste und Abhängigkeiten erkennen und transformieren. Ebenso unser negatives Denken wahrnehmen – all die zweifelnden und verstörenden Gedanken, die unsere Realitäten immer wieder auf´s Neue erschaffen haben. Wir dürfen frei werden und uns an unsere spirituellen Wurzeln erinnern. Spiritualität ist ein tiefes Grundbedürfnis des Menschen. Spiritualität ist unsere wahre Wesensnatur, die wir in dieser bewegten Welt vergessen haben. Auf der weltlichen Bühne wird ebenfalls eine große Befreiung stattfinden. Sie ist im Gange, findet jedoch noch im Verborgenen statt. Über manche Befreier wirst du dich wundern – erschienen sie dir doch in ganz anderem Lichte bzw. Fehlinformationen haben dich und die Menschheit über viele Jahrzehnte in die Irre geführt. Diese Krise ist vielschichtig – es gibt die spirituelle und die weltliche Ebene.*

Die nächsten Wochen, das gesamte Jahr und die kommenden Jahre werden holprig und zeitweise anstrengend werden, mit einigem Hin und Her – doch es geht zurück in die Liebe, in die Wahrheit und in die Freiheit. Das ist Grund zu großer Freude! Eine Neugeburt verläuft nie ohne Wehen und Schmerzen ab... Es ist ein großer Wandlungsprozess, der sich über viele Jahre hinziehen kann. Fast nichts kann und wird weiterlaufen wie bisher. Eine ganz neue Ordnung muss errichtet werden – im Kleinen wie im Großen. Neue Gemeinschaften, neue Freundschaften und neue Möglichkeiten werden sich auftun. Das gilt für alle Generationen.

Die zunehmenden, massiven Freiheitsbeschränkungen und Kontrollen spiegeln die innere Unfreiheit des Menschen – wie außen, so innen. Nimm die Beschränkungen ernst – nutze sie, um wahrlich frei zu werden! Wahre Freiheit bedeutet innere Freiheit... Lasse deinen Geist wieder die Freiheit atmen. Sprenge mentale Grenzen, durchbrich die Konditionierungen und Fremdbestimmungen, die du gar nicht mehr wahrnimmst. In denen du, wie so viele Menschen noch gefangen sind. Denke ganz neu, noch heute. Errichte ganz Neues – und lasse sich die überkommenen Strukturen und Konzepte gänzlich auflösen. Gib dankbar frei, was nicht deinem wahren Wesen, was nicht deinem wahren Seelenweg entspricht... Loslassen ist das Gebot der Stunde – LOSLASSEN und VERTRAUEN.

Und sieh nur, wie friedlich es plötzlich ist. Wie ruhig und still. Und wie gut das dem menschlichen Miteinander und der Erde tut. Wie die Natur und die Erde bereits beginnen, sich zu erholen... Es ist auch ein großes Aufatmen! Auch die Sonne freut sich – sie strahlt so hell in diesen Tagen... Nutze die geschenkte Zeit: Mache einen Frühjahrsputz auf allen Ebenen. Lerne nicht nur bedingungslos zu lieben, lerne auch bedingungslos zu vergeben. Vor allem dir selbst. Lasse die Vergangenheit sich nun friedlich vollenden. Das Erbe des Menschen ist der Neubeginn. Die Zeit ist perfekt. Viele inkarnierte Seelen haben und hatten Verabredungen mit „alten Bekannten" hier auf Erden: Karmische Verstrickungen wollen gelöst, Ahnen- und Familienmuster geheilt werden. Du kannst jetzt mit einem Paukenschlag alles erlösen – es liegt an dir. Sprenge die Begrenzungen in deinem Herzen, und gib alles und alle frei, die dich aufgehalten, gestresst und verletzt haben. Was immer sie dir angetan haben mögen... Verzeihe, was war. Es ist vorbei – wenn du es willst, bist du frei! Doch verlasse auch den Irrtum der Dualität, und segne alle vermeintlichen Widersacher. Schließe wahren Frieden – Frieden im Herzen. Und es wird leichter...
 Du darfst neu beginnen. Es ist längst beschlossen, auch von dir. Dein HERZ ist der Schlüssel in dieser Zeit. Es ist ein kollektiver, riesiger Aufbruch zurück ins Herz, der in Wahrheit stattfindet. Auch dafür nutze die geschenkte Zeit: Finde zurück in deine wahre Kraft und Präsenz. Lasse aus deinem Inneren, aus deinem Herzen, deine Bestimmung emporsteigen. Sie spricht leise zu dir, ähnlich wie die Liebe. Sie ist tief in dir... Wir alle werden dahin geführt, unseren wahren Platz wieder einzunehmen!

Du bist behütet und beschützt, liebe Seele – und vollkommen sicher. Erhebe deinen Geist in eine erhöhte Wahrnehmung. Zeige dich kraftvoll und friedlich, zeige dich in deiner wahren Natur. Damit hilfst du auch denjenigen, die noch in Angst und Sorge leben. Sei ein Licht in dieser bedeutenden Zeit. Positive Veränderungen stehen bevor...

Lasse dich von der Liebe deines Herzens gänzlich erfüllen – sie ist die stärkste Kraft im Universum. Und kein Virus der Welt wird dir irgendetwas anhaben können!

Was für ein profunder Wandel im Gange ist! Was für eine heilsame Einkehr zum Wesentlichen. Und was bereits alles entstanden ist aus der Krise seit März 2020. Bei dir, bei mir, bei uns – im Miteinander, in einem neuen Zusammenhalt. Viele Herzen öffnen und verbinden sich. Wir nehmen uns auf eine neue, tolerantere und achtsamere Weise wahr – auch in Hinblick auf Grenzen. Oder das Gegenteil ist der Fall: Wir erkennen, wie gerne wir Recht haben und andere überzeugen wollen. Wir kämpfen, spalten und grenzen aus. Oder wir schweigen und ziehen uns ganz zurück. In Krisenzeiten zeigen wir, wer wir sind. Doch so oder so – müde Geister erwachen, denn wenig ist noch wie es war. Die Mütter sind wieder bei ihren Kindern. Die Ehemänner sind wieder bei ihren Ehefrauen. Familien sind wieder zu Hause. Zumindest haben sich alle mal wieder gesehen. Die narzisstischen Bühnen sind geschrumpft. Und jeder darf sich sein Leben und seine bisherigen Entscheidungen noch einmal in Ruhe ansehen:

Wer möchte ich sein?
Warum bin ich hier?

Das Wichtigste ist: Der alte Wahnsinn ist vorbei. Auch wenn es zwischenzeitlich anders erscheint, die Karten werden neu gemischt! Alles sortiert sich neu, jeder von uns erneuert sich – auf seine Weise, in seiner Zeit. Ich bin froh, dass das Alte vorbei ist, ich habe mich nie wirklich wohl darin gefühlt. Das Leben in unserer Gesellschaft mit ihren verkrusteten Strukturen, Systemen und eigenartigen Gepflogenheiten, mit dem noch alles durchwirkenden patriarchalen Geist, ist zugegebenermaßen oft schwierig für mich. Doch ich fühle mich dazu gehörig und gestalte die Gesellschaft gerne mit. Auch wenn ich zum Teil andere Wege gehe und mich für ein neues Miteinander entschieden habe:

Wahrhaftig und wertschätzend. Ausnahmslos. Ich finde, wir haben genug Theater in der Welt.

Es wird eine Zeit vor und nach der Corona-Krise geben. Dies ist die große Zäsur, die endlich gekommen ist. Sie scheint die Krönung der vergangenen 10 Jahre zu sein (lat. corona = Krone). Ich fühle mich freier und bin kreativer und produktiver als je zuvor. Obwohl ich nicht geimpft bin. Mir ist bewusst, dass diese Zeit nicht jeder so erlebt, und ich fühle mit denen, die unter den Krisen leiden. Die besonders Betroffenen, letztlich aber jeder von uns, sind eingeladen, Korrekturen im eigenen Leben vorzunehmen – und einen neuen Blickwinkel einzunehmen: Meines Erachtens geht es nicht um das Covid 19-Virus, das Impfen, die Pandemie, den Klimawandel. Das sind Nebenschauplätze, wie so vieles.

Es geht darum, dass wir Menschen erkennen, wie fremdbestimmt wir von unserem eigenen Innern und vom Außen sind. Wie wenig verbunden wir mit dem Göttlichen sind, weshalb viele so ängstlich und kraftlos sind. Wie wenig hier auf Erden im Gleichgewicht ist. Große Unverhältnismäßigkeiten wollen wieder in Balance, der persönliche und göttliche Wille in Einklang gebracht werden.

Bei allem im Leben geht es letzten Endes um das Gleichgewicht, um die Balance. Nur dann sind ein Wachstum und Gedeihen im Sinne der göttlichen Ordnung möglich.

Wer mit dem Göttlichen in sich verbunden ist, der lebt voller Vertrauen, genießt sein Leben und lässt sich führen – egal was um ihn herum geschieht. Selbst dann, wenn sich der Weg zwischendurch holprig gestaltet – das ist zurzeit für jeden so. Es geht um eine profunde Neuausrichtung für die Menschheit und Mutter Erde: Leben und Lieben aus dem Herzen. Da werden wir alle in diesen Jahren in einem vielschichtigen Prozess mächtig korrigiert. Du kannst dir das auch bildlich vorstellen: Eine riesige Kraftwelle, die LIEBE, erreicht das Herz der Erde und das Herz der Menschen. Sie aktiviert lange Vergessenes... Sie öffnet Herzräume, die lange verschlossen waren… und öffnet Bereiche, die lange unberührt und unerfüllt waren. Sie öffnet alles und jeden... denn es geht zurück in die wahre Ausrichtung – ein großes RESET! Somit ruckelt es heftig an allen Ecken und Enden. Die Erde bebt, und Viren und Geister unterschiedlicher Art werden aufgewirbelt... Das ist eine turbulente Zeit.

Das Erbe des Menschen ist der Neubeginn – und mit ihm die Rückbesinnung auf unser GOLD: Gelebte Liebe und Weisheit, die niemals verloren gehen. Dein persönliches Gold und unser aller Gold. Und dieses Gold kommt jetzt zurück…

Viele Männer und Frauen denken heutzutage,
dass sie für eine Sache kämpfen, die bedeutender ist, als sie selbst.
Ich bin hier, um dir zu sagen: Es gibt keine Sache,
die bedeutender ist als du selbst.

Es gibt nichts, das wichtiger ist als die Anhebung deines eigenen
Bewusstseins und die Öffnung deines Herzens für den Strom der Liebe,
der das ganze Universum durchdringt.

(Jesus Sananda)

6. Wie frei bist du?

Sei klug, liebe Seele – wähle frei zu sein!
Und du wirst freie Wahl haben...

Jupiter führt uns zusammen mit Uranus ins Zeitalter des Lichts. Beide sind wichtige Planeten im Aufstiegsprozess – wir brauchen sie für einen freien Geist, für neue Visionen und Wege. Uranus, der Herrscher vom Wassermann steht für Freiheit und Befreiung aus allem Limitierenden und Überkommenen. Befreiung aus dem, was nicht mehr dem Zeitgeist entspricht. Uranus ist es, der uns aus der Vollnarkose erwecken möchte. Er befreit den Geist – von allem, was uns nicht lässt sein! Beiden Planeten ist gemein, dass sie Bewusstsein weitend, sehr intuitiv und freiheitsliebend sind. Fortschrittlich, hell und heiter. Ich liebe diese Energien. Ich freue mich über jedes Licht, das in unserer Gesellschaft aufgeht und über jeden wahrlich freien Menschen!

Wahre Freiheit

Wie frei bin ich? Eine Frage, die sich zu stellen lohnt. Schauen wir uns an, wie wir leben – und wie wir leben wollen. Dazwischen liegen die Unfreiheit und die Angst. Das Leben und meine Erfahrungen haben mich gelehrt, dass wir erst dann wirklich frei sind, wenn wir Herr unserer selbst geworden sind – wenn wir Eigenmacht erlangt haben: Wenn wir unseren Gedanken, Gefühlen und sonstigen Impulsen, Süchten und Begierden nicht mehr ausgeliefert sind. Uns nicht mehr mit ihnen identifizieren und andere damit quälen müssen. Wenn wir frei wählen können – was wir denken und fühlen wollen, worauf wir uns fokussieren und auf wen und was wir uns einlassen wollen. Nicht mehr reagierend. Nicht mehr manipulierend. Nicht mehr der Herde hinterher laufend. Nicht mehr dem Verstand, der Bedürftigkeit, der Angst hörig. Nicht mehr rebellierend... Frei. Innerlich frei – nach der eigenen Herzensmelodie tanzend! Dafür brauchen wir einen freien Geist, den der Wassermann hat.

Das nachfolgende Gedicht stammt aus dem Jahr 2011. Eine Zeit, in der ich von Uranus gerüttelt und geschüttelt wurde – mit der Einladung, frei zu werden. Gleichzeitig zwang mich Pluto in die Knie – er führte mich in die Tiefen meines Seins und in mein Schattenland, um meine Schätze zu heben. Und Neptun und Chiron sensibilisierten und heilten meine Venus. Im Zusammenspiel war das ein intensiver Transformations-prozess bis 2016, den ich in dem Ausmaß und Schmerz nicht noch einmal erleben möchte und der doch so wichtig für mich war. Denn er hat mein Herz und meinen Geist geöffnet und meine wahre Kraft erweckt. Viele durchleben Ähnliches in dieser Zeit. Schmerzhafte Prozesse, in denen das Ego zur Asche verbrannt wird. Uralte Zellerinnerungen werden darin aufgelöst, die Vergangenheit wird geheilt. Was enorm Bewusstsein weitend und Frieden stiftend ist, wenn wir uns darauf einlassen. Lange Zeit meines Lebens habe ich gedacht, ich wäre frei. Doch das war ich nicht – die besagten 5 Jahre haben mich eines besseren belehrt, mir zusätzlich manche Illusion hinsichtlich der Freiheit unseres Landes, unserer Regierung, der Medien und vieler Machtinhaber genommen. Vor allem so manche Illusion über mich selbst. Diese Jahre waren zugleich ein großer Desillusionierungsprozess – auch ich träume gern. Heute fühle ich mich frei. Ich bin nicht mehr abhängig von Gunst und Gefallen anderer. Ich mach mein Ding und freue mich über Gleichgesinnte und gemeinsame Wege. Blicken wir nun aus der Sicht des Wassermanns auf unser persönliches Leben und unsere Gesellschaft:

Wie frei kann ich sein?
(Wassermann – 20.01. bis 20.02.)

Zuletzt gingen wir von einem aus: Der Steinbock will nie mehr heraus – aus dem Meere, der Welt der Gefühle, die ihn befreit hat von seiner Kühle. So treibt er noch immer in dieser wässrigen Welt – ohne zu denken an Arbeit und das Geld. Fast freudig lernt er das Schwimmen... Diesmal ohne sich zu trimmen. Wir ahnen es, es ist so weit, die 2. Lebenshälfte ist erreicht: Für den Steinbock wird´s leichter, ja, fast heiter. Zudem bekommt er nun einen außergewöhnlichen Begleiter!

Doch eines noch: Wer denkt, der Steinbock sei zu kurz gekommen, seine Würde im letzten Schrieb ihm sei genommen, der hat nicht erkannt, dass zum Erwachsensein gehört so allerhand. Betrachte dein Empfinden als Beweis des eigenen Steinbock-Seins: Verurteilen ist leichter als sein all-eins. Und was wir hier persönlich nehmen – welch´ Chance, genauer hinzusehen!

Da kommt er auch schon, schwimmt in großen Bahnen heran, natürlich ist´s der Wassermann. Eigentlich nicht im Element des Wassers zu Haus, doch auch in anderen Welten geht gerne er aus. Will erfahren das Neue, das Andere, Utopia – sofern ihm dies nicht kommt zu nah. Der Wassermann bevorzugt die Distanz, schenkt sie ihm doch seine scharf beobachtende Prägnanz. Sein Element ist das der leichten Luft: Die Welt des Geistes, der Gedanken, der Flüchtigkeit – von jeglicher Schwere total befreit. Befreit ist er auch von der „Diktatur des Man", vom Beurteilen und Bewerten der anderen. Auch das Definieren mag er nicht – wer weiß, wie´s morgen auszulegen ist... Unabhängig, frei und liberal, will stets er haben die freie Wahl.

So schwimmen Wassermann und Steinbock dann gemeinsam eine Weile... bis schließlich sie gehen an Land. Ganz brüderlich, Hand in Hand. Auf eingetretenen Pfaden marschieren sie nun in Richtung Stadt, was der Wassermann recht schnell hat satt. So läuft er doch plötzlich im Zicke-Zack... und huch, nimmt den Steinbock sogar Huckepack. „Ich will nicht auf den üblichen Wegen gehen! Wie langweilig es doch ist, immer nur dasselbe zu sehen. Wir, mein Freund, wählen nun einen anderen Weg – dies ist, ich weiß, mein Privileg. Und gerne nehme ich dich mit, sofern du kannst auch halten Schritt. Sollst mal sehen, was nun so alles wird geschehen... Bist du bereit, lieber Freund? Denn es wird Zeit, dich zu befreien – von all den Quälereien."

< Ein bisschen verrückt ist der Wassermann ja schon >, denkt der Steinbock, in alter Tradition. Doch aufgewühlt von all dem Wasser, von seinem Schwimmen, hofft er, mit dem Wassermann noch weitere Höhen zu erklimmen. Will sich einfach mal hineinbegeben... Vielleicht gibt es ja noch mehr im Leben!?

Und plötzlich hebt der Wassermann dann ab – den Steinbock noch immer im Huckepack. Genüsslich fliegen die Beiden nun durch die Lüfte... inhalieren entspannt diese himmlischen Düfte... fliegen hoch hinauf ins Himmelsreich, ganz dem Gott Uranus gleich. Nachdem sie eine Weile so sind geflogen, überkommt sie die Freude, in großen Wogen. Gepaart mit dieser wunderbaren Leichtigkeit, die den Geist für Höheres nun macht bereit. Doch schon bald brauchen sie ein Päuschen – und suchen geschwind sich ein Himmelshäuschen. Nehmen auf einer pudrigen, nach Erdbeeren duftenden Wolke Platz. Prompt gesellt zu ihnen sich noch ein goldener Spatz. Der piepst und sieht so glücklich aus – so nehmen gerne sie ihn auf. Und weit ab der Herde beobachten die Drei dann das Getümmel auf der Erde. Des Wassermann's liebste Position – wenn für andere auch die pure Isolation. Dem Wassermann jedoch schenkt sie seinen objektiven, klaren Blick – den er auch zu nutzen weiß, voller Geschick.

Nun fängt der Wassermann zu erzählen an – ein echter Freigeist dieser Mann. Nie hat ihn berührt, was ein anderer so im Schilde führt. Fest verankert in seinem Selbst, unabhängig von Ruhm und Glanz, wirkt er tatsächlich ganz. „Wie frei sind sie wirklich, die Menschen? Schaut sie euch nur an – einer sieht aus wie der andere Mann. Ob gefärbt, gelockt, bebrillt – letztlich sind fast alle gedrillt. Ach, so individuell wollen sie alle sein, das meiste jedoch nur ist Schein und ein jeder für sich so allein. Die große Brille soll intelligent sie machen. Verführen uns das künstliche

Lachen. Label und Titel sie aus der Mitte heben… Wahrlich, dies sind Probleme im Leben! Doch von ihrem wahren Kern die meisten sind so fern. Ihre Masken sind´s, mit denen sie sich identifizieren – doch so sie den Kontakt zu sich verlieren. Zeigt mir einen, der es wagt, wirklich eigen zu denken – und danach auch sein Leben zu lenken. Der es riskiert, auch nicht dazu zu gehörn. Nicht aus Rebellion – nein, aus innerer Freiheit und Intuition. Der es versteht, seinen Lebenszweck zu definieren – und diesen auch mit sozialen Bedürfnissen zu kombinieren. In Freiheit, Gleichheit und Brüderlichkeit – ohne abhängig zu sein von der Zweisamkeit. Die unkonventionelle Lebensführung ist´s, die mich fasziniert – zu leben originell und ungeniert. Nur der ist frei, der unabhängig von der Gunst der anderen steht, den Weg der Individuation auch mutig geht. Wohl wissend, dass dies der schwerste Weg im Leben ist: Denn auf diesem Vertrautes ist aufzugeben – das größte Risiko für den Menschen im Leben. Doch ist er bei seinem wahren Selbst erst angekommen, nichts kann ihm werden mehr genommen. So nennt die Herde mich gerne verrückt, anstatt zu sein von mir entzückt. Nur Angst hat sie, braucht allzu sehr die Sicherheit, die zu geben ihr scheint die Vergangenheit. Das Hier und Jetzt jedoch ist das Einzige, was zählt! Alles andere uns nur quält... Zum Adler geboren, doch leben sie wie ein Huhn – was meint ihr, Freunde, können wir dagegen etwas tun? Nichts genützt jedenfalls hat meine Rebellion – ja, brauchen wir gar die Revolution?"

Der Steinbock fängt an nachzudenken... Diesmal ohne sein Gesicht zu verrenken. < Wie belebend der Wassermann doch ist und so erweckend – für die Masse vermutlich erschreckend. Mit Abstand tatsächlich es ist schwer zu verstehen, warum die Herde bevorzugt, aus eingeengter Sicht zu sehen. Und nicht nur die Gedanken sind ja frei... > – im Kopfe des Steinbocks geht um nun so Allerlei. Ganz aufgewühlt möcht´ fortan er über den Dingen schweben... sich befreien von Vielem in seinem Leben. Dass er sich in seinem Denken und Tun so beobachten kann, ist neu und verdankt er dem Wassermann.

Doch plötzlich wird´s windig – wer kommt denn da herangerauscht? Der Gott Uranus ist´s, das Haar vom Winde ganz zerzaust. „Willkommen in meinem Reiche, ihr Drei – na, wie fühlt ihr euch, vogelfrei? So soll es sein, denn hier seid ihr in anderen Ebenen, die höheres Wissen euch lassen erleben. Drum öffnet euch – lasst dieses Wissen einfach durch euch fließen... Geistesblitze werden sich über euch ergießen. Auch mit dem Unterbewusstsein ihr kommt hier in Kontakt, sofern das Leben es hält für angebracht. Ich ermögliche euch, neue Wege zu entdecken. Den einen oder anderen dabei auch zu verschrecken. Denn von dieser Geistesebene hier, ihr könnt sehen, was aus eurem Leben sollte gehn. Durch mich allein ihr könnt euch befrein – von allem, was euch nicht lässt sein!

„Geh mir aus der Sonne!", spricht da der Wassermann – unbestechlich wie Diogenes in der Tonne. Der Steinbock es kaum glauben kann... < Wie kann er sich so benehmen, dieser Wassermann!? >

„Ich weiß, lieber Wassermann, du magst sie nicht, die Hierarchien – vor scheinbar Höherem nieder zu knien. Dies brauchst du bei mir nicht. Ich sehe dein Gesicht! Gleich sind wir alle und doch einzigartig – wenn dies nur ein jeder verstünd´, es wäre großartig. Doch eines ich noch sagen muss, und bitte verfallt deswegen nicht in Verdruss: Sobald ihr wieder kehrt zurück auf die Erde, es wird nicht einfach sein, das Leben in der Herde. Ihr nämlich seid der Zeit nun voraus, wollt´ künftig machen dem Üblichen den Garaus. Werdet sicherlich verkannt, wahrscheinlich auch verbannt. Denn ungern wird´s gesehen, dass einer es wagt, über Grenzen zu gehen. Einfach aussteigt aus verkrusteten Systemen und frei ist von erwartetem Benehmen. Auf dem Wege des Wissens müsst ihr euch unerreichbar machen... Und niemals vergesst dabei euer Lachen! Doch seid auch schlau, spielt die Spiele der Herde gelegentlich mit – um sie zu verstehen, auch um gemeinsame Wege zu gehen. Das Geheimnis ist, sich nicht mit diesen zu identifizieren, sich innerlich vielmehr zu distanzieren. Seid in der Welt, nicht von der Welt – dies ist das Einzige, was zählt. Ein Unverhaftet-Sein, den Überblick behalten – um sein Leben selbstbestimmt und eigenmächtig zu gestalten. Kurzum: Seid euer eigener Guru, folgt keinem nach! – schon Krishnamurti wie ich sprach."

Der Wassermann, mittlerweile in Ruh, stimmt nickend dem Himmelsgott zu. Und Steinbock und Spätzchen gerade beginnen ein Schwätzchen... Doch:

„Genug der Worte, lasst hinab zum Meere uns fliegen, denn so einiges bei mir ist liegen geblieben... Die Fische-Zeit bald wird sein angebrochen und dann auch will werden besprochen. Da ich auch viele Jahre in der Fische-Energie weilte, möcht' ich über sie schreiben – drum lasst uns Neptun und seine Fischchen auftreiben. Bevor es aber geht hinab zum Meere, eine letzte Frage, vielleicht auch eine Lehre: Schaut noch einmal hinab, versucht diesmal euch in dem Getümmel zu sehen... Na, was wird geschehen?

Wer seid ihr?   Wie lebt ihr?   Wen liebt ihr?

Gefällt euch, was ihr da seht? Gibt es gar Dinge, die ihr nicht versteht? Ich wünsch' euch, ihr seid frei und wagt euer Leben zu leben! Alles Gute wird dann von selbst sich ergeben... So nehmet ein immer wieder die Vogelperspektive – sie allein schenkt euch die Alternative. Und wenn ihr hoch genug fliegt, eine außergewöhnliche Perspektive!

Nun aber zack zack – auf geht's, ich meine hinab! Wenn zu lange nämlich wir bleiben hier oben, wir können auch werden verschroben...", spricht der Himmelsgott und düst dann mit den Dreien gen Erde, genauer gesagt zum Meere. Wo Neptun und seine Fischchen schon auf sie warten, um sie zu entführen in ihren göttlichen Garten....

(Hamburg, im Januar 2011)

Wenn wir aus dieser erhöhten Wahrnehmung auf Deutschland und die Welt blicken – was ist hier los auf Erden? Was sind die wahren Ursachen des Corona-/ Impf-Chaos, der Naturkatastrophen und all des Leids?

Was möchte das Universum uns sagen?

7. Geister und Viren

Ein freier Geist und ein liebendes Herz sind
die Schlüssel zur Neuen Zeit.

Geister und Viren regieren noch die Welt – alte Geister und neue Viren: Der patriarchale Geist und aktuell das Covid-19-Virus samt Mutanten. Beiden ist gemein, dass sie das Leben und das Lebendig-Sein verhindern.

Ob das im Sinne der göttlichen Ordnung ist?

Das Göttliche bedeutet LEBEN und LIEBE – pure Lebens- und Liebeslust und Freude!

Das Göttliche ist des Menschen´s Wesenskern, sein inneres Licht:
Ein sprudelnder Quell von Freude und Liebe.

Die Wahrheit ist: Wir wurden göttlich geboren, nicht schuldig – auch wenn uns lange Zeit anderes eingeredet worden ist. Daran dürfen wir uns jetzt erinnern, denn es geht zurück auf den Königsweg (14. Kap.). Deshalb fühlen sich viele Menschen noch schuldig und sind von Angst beherrscht, weshalb sie fremdbestimmt leben und sich und andere verurteilen. Meistens ohne sich dessen bewusst zu sein. Sie fühlen sich getrennt vom Göttlichen und suchen Führung, Sicherheit und Schutz im Außen. Wahrheit bedeutet für sie vor allem Materielles:

Macht, Erfolg, Geld, Status, Ruhm, Verbindungen etc. Das alte „Weiter, schneller, höher, besser" – eine niedrig schwingende Energie, die uns weiter wie die Ameisen laufen und liefern lässt. Nicht Sichtbares, nicht Beweisbares ist nicht geheuer... Dieser alte Geist mit seinen lebensfeindlichen Folgen bedeutet eine Abweichung vom göttlichen Prinzip und durchwirkt noch die gesamte Welt. So müssen wir Menschen zurück zur göttlichen Wahrheit finden – diese scheint verloren gegangen. Wir sind vergleichbar mit entmachteten Königinnen und Königen, die irgendwann ihre Macht, Würde und Souveränität verloren haben. Zum Adler geboren, doch leben wir wie ein Huhn...

Fühlst du dich als Königin/ König in deiner wahren Kraft und Stärke, in deiner Souveränität und Würde angekommen – von innen heraus? Und wir als Volk, als Gesellschaft und Weltgemeinschaft? Zumindest dort müssen wir zurück zur Wahrheit finden. Die göttliche Wahrheit meint die LIEBE, wir Menschen leben jedoch in ANGST und Schrecken...

a) **Das Angst-Virus**

Das Corona-Virus hält die Welt weiter in Atem. Auch wenn das Leben phasenweise fast wie früher erscheint – schauen wir genauer hin: Ein unsichtbarer „Feind" hat die gesamte Welt im Jahr 2020 lahm gelegt und regiert sie bis heute. Was zur Folge hat, dass eines der wichtigsten Grundrechte des Menschen, die Freiheit, seit anderthalb Jahren massiv eingeschränkt, das Grundgesetz in Deutschland ausgehebelt worden ist und unsere Regierung mittlerweile durchsetzen kann, was ihnen beliebt. Mit der Begründung, die Gesundheit und das Leben der Menschen schützen und erhalten zu wollen. Was das Ganze hochbrisant macht: Wer kann dagegen sein, ohne sich unbeliebt zu machen, als rechts oder als Verschwörungstheoretiker zu gelten? Ähnliches gilt für die unverhältnismäßigen bis rechtswidrigen Regelungen und Maßnahmen rund ums Impfen, die mit der Begründung durchgesetzt werden, das Impfen sei der Weg zurück in die Normalität, der beste Schutz für die Menschen und die Rettung der Welt. Wer kann dagegen sein, ohne sich unbeliebt zu machen, als rechts oder als Querdenker zu gelten?

Wer auf Selbstverantwortung, den gesunden Menschenverstand und eine Stärkung des Geistes und Immunsystems setzt, wird zunehmend unter Druck gesetzt, bestraft und ausgegrenzt vom sozialen Leben.

Ob das im Sinne der göttlichen Ordnung ist?

Wir tragen Masken, im 21. Jahrhundert und „impfen uns in die Freiheit", um einen Politiker zu zitieren. Was der Wassermann dazu wohl sagen würde? Und wenn wir das Drama nicht mitmachen oder kritisch hinterfragen, riskieren wir Geldstrafen, Freiheitsbeschränkungen, Ausgrenzung, Ablehnung bis hin zur Denunzierung – und schaden Unternehmen, die hohe Geldstrafen und Schließungen riskieren. Der Mittelstand, die eigentlich tragende Säule unserer Wirtschaft, wird weiterhin ausgedünnt. Mit der möglichen Folge einer Weltwirtschaftskrise, wie sie noch nie da gewesen ist.

Impfen

Eine Impfung schwächt das Immunsystem eher als dass sie stärkt – vor allem unsere Kinder. Das sagt uns schon der gesunde Menschenverstand. Es wird künftig gegen allesmögliche geimpft werden müssen, um mehr Freiheiten zu haben, denn neue Viren und Mutanten wird es weiterhin geben. Und wer profitiert davon? Das ist eine sinnvolle Frage in der aktuellen Krise und in Hinblick auf jegliche Missstände in der Welt. Nicht zuletzt die Maßnahmen rund ums Impfen und die diskutierte Impfpflicht zeigen, dass wir in Deutschland nicht in einer Demokratie leben. Was hier durchgesetzt wird entbehrt jeder rechtlichen

Grundlage und Verhältnismäßigkeit. Die Wenigen, die den Mut haben, die eigene Wahrheit auszusprechen, werden heftig kritisiert, Spaltung und Konflikte weiter initiiert. Wer reisen möchte, wird künftig geimpft sein müssen… Das erinnert mich schwer an die DDR-Diktatur, zumindest an eine Gesundheits-Diktatur.

Wir brauchen keine Impfungen und kein Virus der Welt zu fürchten! Wir brauchen gesunde, kraftvolle und integre Menschen in der Welt – mit Herz und gesundem Menschenverstand. Wir sollten alles dran setzen, dieses wahre göttliche Wesen, das in jedem von uns schlummert, zum Leben zu erwecken. Das würde ich sehr gerne von den Medien und Regierenden dieser Welt hören.

Die Impfungen sind ein weiteres Löcher-Stopfen, das die eigentlichen Ursachen für das, was hier im Lande und weltweit geschieht, überhaupt nicht beleuchtet und die Pandemie weiter fortsetzt. Viele sind seit März 2020 eingeschüchtert von der Panikmache durch Politik, Medien, Wissenschaft und Forschung und machen bereitwillig, was ihnen gesagt wird. Es wird gestritten, gespalten und noch mehr geschwiegen. Ich weiß von vielen, die gegen eine Impfung sind und sich doch haben impfen lassen. Wegen des gesellschaftlichen Drucks, weil sie meinen, andere auf diese Weise zu schützen, um mehr Freiheiten zu haben, aus Bequemlichkeit, um ihr Unternehmen am Laufen zu halten etc. Eindrucksvoll offenbart sich in diesen Jahren, wie frei wir Menschen wirklich sind. Das Impf- und Masken-Theater könnte komisch sein, wenn es nicht so anstrengend und tragisch wäre. Vor allem für die Kinder und Jugendlichen. Wenn die Politiker künftig Clowns-Nasen fordern, tragen hoffentlich nicht alle rote Nasen.

Frage dein Herz

Ich persönlich glaube nicht an die aufgebauschte Gefährlichkeit von Corona und noch weniger an eine Rettung der Welt durch Impfungen. Das sagt mir mein Herz, und ich folge nur noch meinem Herzen. Im Herzen finden wir die wahre Intelligenz. Da brauchen wir keine Virologen, Politiker, Prediger oder sonstige Experten, Zahlen, Daten, Fakten und Nachrichten… Das ist alles Ego, weitere Festplatten-Befüllung, Massen-Konditionierung bis hin zur Gehirnwäsche.

Ich leugne nicht, dass es das Virus mit seinen Varianten gibt. Ebenso wenig leugne ich, dass ein Großteil der Entscheider in der Corona-Politik tatsächlich Angst hat. Die Frage ist nur, wovor. Das Corona-Virus ist ein Virus, das krank machen und tödlich sein kann. Natürlich, wie jedes andere Virus auch. Die Seelen, die gehen wollen, sind schon immer gegangen – das werden sie auch jetzt tun. Wer sich in dieser Zeit nicht mit seinem Herzen, der Natur und dem Kosmos verbindet, wird früher oder später gehen. Gefährlicher und deutlich immunschwächender als das Virus sind die Angst und Sorge, die durch das Virus seit Anfang 2020 ausgelöst werden, das kollektive Feld weiterhin stark prägen und von Politik, Wissenschaft und den Medien weiterhin geschürt werden. Es ist das Angst-Virus, das die Welt in Wahrheit beherrscht und sich dank der Pandemie weiter ausbreitet. Das macht die Menschen neben der mangelnden Anbindung krank und kraftlos – körperlich, geistig und seelisch. Neue Viren hat es immer gegeben, und es wird sie weiterhin geben – solange das plutonische Schattenland nicht geheilt ist, denn da kommen Viren jeder Art her. Astrologisch werden Viren Pluto/ Skorpion zugeordnet. So braucht es für den großen Wandel auf Erden meines Erachtens vor allem zweierlei:

1. Die **Heilung des plutonischen Schattenlandes**, damit einhergehend die Heilung der Angst.

2. Die **Heilung und Gesundung des Menschen**, damit Viren uns nichts mehr anhaben können.

Zu beiden Punkten in weiteren Kapiteln mehr.

Die Angst

Bewusst oder unbewusst bangen viele in der Krise um ihre gesundheitliche, finanzielle oder andere existenzielle Sicherheiten und halten an Altem fest. Das Corona-Virus ist seit März 2020 DAS vorherrschende Thema in den Medien und der Welt. Das darunterliegende, eigentliche Thema ist GAR KEIN Thema in den Medien und der Welt: Die notwendige Heilung der Vergangenheit, bei der es im Kern um die Heilung unserer Ängste geht, die allen menschlichen Problemen zugrunde liegen. Doch die menschliche Angst sitzt noch im Dunkeln und fürchtet das Licht...

Diese existenziellen Ängste sind folgende:

1. Die Angst, krank zu werden oder zu sterben
2. Die Angst vor Mangel und Armut
3. Die Angst vor Unfreiheit, Fremdbestimmung, Diktatur
4. Die Angst vor Einsamkeit und Isolation
5. Die Angst vor der Unendlichkeit des Seins.

Obige Ängste kennt wohl jeder von uns – in unterschiedlicher Ausprägung, abhängig von unserer Eigenart und Herkunft. Durch das Corona-Virus und die Krise werden diese Ängste aktiviert, was uns die Möglichkeit gibt, sie wahrzunehmen und zu fühlen. So reagieren wir alle unterschiedlich auf das Geschehen und jede Reaktion verdient Verständnis und Mitgefühl. Allen Ängsten liegt die Angst vor der göttlichen Liebe zugrunde, die Angst vor der Unendlichkeit unseres spirituellen Seins. Die Angst vor unserer wahren Größe. Diese zu überwinden bedeutet die Rettung der Welt!

Die Angst blockiert und hemmt immer das Leben und die Liebe und somit das Göttliche. Gleiches gilt für die Schuld und die Scham, die uns über einen langen Zeitraum eingeredet und anerzogen worden sind, um uns gefügig zu machen. Angst, Schuld und Scham ganz loszulassen bedeutet einen Riesen-Schritt nach vorne – es ist der Weg in die Freiheit! Dazu gehört für uns Deutsche auch die so wichtige Lösung von der kollektiven Schuldfrage. Dieses bis heute nicht geheilte Thema der Deutschen schwächt und beeinflusst uns als Volk enorm. Betrachte auch deine Mitmenschen als unschuldig.

Der Glaube an Schuld und das daraus resultierende Urteilen und Verurteilen ist bis heute das größte Hindernis auf unserem Weg in der Menschheitsgeschichte.

Es ist der patriarchale Geist, der Angst, Schuld und Scham gebiert, aufrechterhält und immer das Urteil zur Folge hat. Dieser bäumt sich in diesen Jahren noch einmal mächtig auf. Altes macht viel Lärm beim Sterben... Dieser alte Geist möchte erkannt und in einen freien Geist gewandelt werden, der sich nicht mehr konditionieren lässt. Denn mit dem alten Geist kommen wir nicht voran und waren nie wirklich frei. Ein freier Geist erkennt Schuld als (Teil-)Verantwortung an – und die Scham als einen verletzten Anteil des inneren Kindes, das der Heilung bedarf.

Mit welcher der Ängste gehst du in Resonanz? Vielleicht ist es auch nur die Nr. 5, die Angst vor deiner wahren Größe? Vielleicht sind es auch mehrere Ängste. Nimm deine Angst an, negiere und verdränge sie nicht mehr. Damit hebst du den Schatz, der in deinem Schattenland verborgen ist und Pluto wird sein Füllhorn über dich ergießen. In der Folge wird dich die Angst nicht mehr über dein Unterbewusstsein beherrschen und kleiner machen als du bist. Stattdessen fühlst du eine neue Sicherheit in dir. Unabhängig davon, was um dich herum geschieht und wie jemand agiert. Du wirst innerlich frei und kannst heraustreten aus deiner Komfortzone…

Liebe Angst

Komm her, liebe Angst
treu und ergeben wie mein Schatten
Auge in Auge schauen wir uns.
Komm an mein Herz ganz und gar umarme ich dich.
Meine Liebe schmilzt dich dahin
und als Wärme spür ich dich noch…

(Christa Heidecke)

Viele wünschen und hoffen noch, dass alles wird wie früher. So wird der Anbruch des Goldenen Zeitalters wohl noch eine Weile dauern. Veränderungen brauchen ihre Zeit. Wir befinden uns in einem großen Übergang, wie es häufig heißt. Doch für mich hat die Neue Zeit längst begonnen – entscheidend ist unser Geist! Mit zunehmendem Erwachen pendeln somit immer mehr zwischen 3D und 5D hin und her – abhängig davon, in welcher Schwingung und Gesinnung sie sich befinden. Das Wichtigste in den kommenden Jahren wird das weitere Erwachen der Geister und die Heilung der Herzen sein. Wir brauchen viele Sehende und Wahrheitsliebende mit reinen Absichten, die aufklären und mutig vorangehen. Und viele liebende, starke Herzen – denn Liebe heilt und wandelt alles, was sie berührt…

b) Das narzisstische Virus

Es gibt ein weiteres Virus, das unsere Gesellschaft tief durchwirkt, jedoch wenig bis gar nicht gefürchtet wird. Zusammen mit der Angst erscheint es mir bedeutender als das Corona-Virus, das von den eigentlichen Herausforderungen unserer Zeit eher ablenkt. Ich denke an das "narzisstische Virus", das ebenfalls jeden betrifft, weil wir in einer narzisstischen Gesellschaft leben und die Zahl der Narzissten seit Jahrzehnten kontinuierlich ansteigt. Wir finden den Narzissten in allen Kreisen und Schichten. Es gibt auch den spirituellen Narzissmus.

Was meint Narzissmus?

Narzissten provozieren in anderen bestimmte Emotionen, um das eigene Lebens- und Energiegleichgewicht aufrecht zu erhalten. Sie leben von den Emotionen und der Energie anderer – man nennt das die sog. narzisstische Versorgung. Es ist ein parasitäres und somit schädigendes Verhalten. Der Begriff Versorgung zeigt, dass Narzissten wegnehmen, ohne für einen Ausgleich zu sorgen. Es gibt den sog. „offenen Narzissmus": Der aggressive, aufgeblasene, grandiose Kontrollfreak, den wir häufig unter Machtinhabern, Politikern und Influencern unterschiedlicher Art finden. Die verbreitetere Form ist der sog. „verdeckte oder stille Narzissmus": Stille Narzissten werden oft als die gute Person angesehen beziehungsweise sie stellen sich als solche dar, während ihre Opfer zu den schlechten Personen werden. Von dem Zeitpunkt an, wo diese den Narzissten nicht mehr nähren, weil sie sich abwenden und/ oder nicht mehr zu ihm aufblicken und ihn bewundern.

Narzissten haben eine bemerkenswerte Fähigkeit, Dinge zu verdrehen und auf subtile, verborgene Weise zu agieren, was es schwierig macht, sie zu erkennen. Sie spielen den Saubermann oder das Opfer, obwohl sie die wahren „Täter" sind. Oft sind Narzissten passiv-aggressiv, andererseits lieben sie die Bombe und werten ihre Opfer ab, um sie zu verwirren oder zu demütigen – um sich über sie zu erheben. Beide Arten streben danach, auf äußerst manipulative und missbräuchliche Weise die

Emotionen zu bekommen, die ihren momentanen Bedürfnissen entsprechen. Das kann Liebe, Sympathie, Macht, Neid, Wut, Zorn, Eifersucht etc. sein. Dazu gehört auch das narzisstische Drama, denn aus sich selbst heraus können Narzissten keine Energie erzeugen. Wenn die emotionale Nahrung wegfällt, fühlen sie sich innerlich leer. Weshalb es sich bei den narzisstischen (Liebes-)Beziehungen immer um abhängige, verstrickte Verbindungen handelt. Wenn Narzissten geben, dann wollen sie etwas bekommen beziehungsweise sich weiter nehmen – und sie brauchen permanente Anerkennung und Bewunderung.

Bewusst oder unbewusst benutzen Narzissten andere Menschen – geistig, körperlich und/ oder seelisch –, um in ihrem Selbstwert bestätigt zu werden, der meistens sehr gering ist. Sie beziehen alles auf sich, nehmen vieles persönlich – die Welt dreht sich vornehmlich um sie selbst. Auch eigene Kinder ändern daran nichts, sie werden in die typisch narzisstischen Verstrickungen einbezogen und ebenfalls benutzt, um sich besser zu fühlen oder um sich überhaupt zu fühlen. Größenwahn, Hochmut, Hybris, Übertreibung, Machtgier, Eitelkeit, falscher Stolz und emotionale Kälte sind typische Erscheinungsformen der narzisstischen Störung. Neben der Unfähigkeit, zu lieben und sich auf eine (Liebes-) Beziehung wirklich einzulassen. Der Partner dient eher als Mittel, um voran zu kommen und/ oder genährt zu werden. Er ist nützlich und wird ebenso zur Selbstwert-Erhebung benutzt. Der Narzisst hat die Neigung, andere zu bewundern und sich selbst grandios und perfekt darzustellen, um bewundert zu werden. Und wenn er enttäuscht wird von jemandem – sich also nicht mehr in seinem Selbstwert bestätigt fühlt –, kann er grausam vom Throne stoßen und emotional sehr kalt sein. Liebe kann der Narzisst nicht annehmen, weil er sich selbst nicht liebt und achtet. Wer sich mit einem Narzissten einlässt, wird schnell erschöpft sein. Denn es ist nie genug und nie richtig – egal, was man tut.

Umgang

Vor vielen Jahren war ich selbst mit einem Narzissten liiert. Es war eine sehr Energie raubende und erschöpfende Beziehung, aus der ich wie ein verwundetes Reh herauskam. Es hat einige Zeit gedauert, bis ich mich seelisch, körperlich und geistig vollständig davon erholt hatte. Auf meinem weiteren Weg habe ich festgestellt, dass es nicht einfach ist, nicht narzisstische Menschen und Systeme in unserer Gesellschaft zu finden. Auch deshalb fühlen sich viele so schwach und erschöpft vom Leben. Denn Narzissten kennen in ihrem Wegnehmen und Energie-Saugen kein Maß und keine Grenzen – sie brauchen das ganz große STOPP. Manche respektieren nicht einmal das. Weshalb sich Narzissten mit sicherem Gespür vornehmlich dem Geber-Typ zuwenden, der keine Grenzen im Geben kennt. Alles ist Spiegel.

Wir können andere Menschen und deren Verhalten nicht ändern – und jeder ist am Ende selbst verantwortlich für das, was er tut und sät in seinem Leben. Wir können jedoch lernen, gut für uns zu sorgen und achtsam mit uns und unseren Mitmenschen umzugehen. Wer in der Energie der Liebe schwingt, somit in seiner vollen Kraft ist, dem kann niemand etwas wegnehmen, so dass es ihm schadet. Für die Beziehungen der Neuzeit halte ich es für einen wichtigen Entwicklungsschritt für jeden, in die eigene Kraft zu kommen, Energie aus sich selbst zu beziehen, um sich aus der eigenen Fülle und Ganzheit zu verbinden. Das setzt die Heilung des plutonischen Schattenlandes voraus.

Wenn wir uns in narzisstischen Systemen befinden, hat das natürlich auch mit uns zu tun. Wir ziehen an, was uns energetisch entspricht (sog. Resonanzgesetz). Auch wir müssen dann narzisstische Züge in uns tragen. Wenn wir uns in derartigen Verbindungen nicht als Opfer sehen oder vom Opfer zum Täter werden, sondern den eigenen Anteil erkennen, annehmen und heilen, können wir gestärkt aus diesen Beziehungen hervorgehen. Mich persönlich haben diese Erfahrungen letzten Endes in meine wahre Kraft geführt, nachdem ich das eigene Selbstwertthema und meine Bedürftigkeit darunter erkannt und geheilt hatte. Wenn wir selbsterfüllt sind und uns des eigenen Wertes bewusst sind, können wir frei wählen, mit wem wir verkehren. Ich habe mich für mich und für die wahre, bedingungslose Liebe entschieden.

Narzissmus und Pluto

Das „narzisstische Virus" hängt unmittelbar mit dem plutonischen Schattenland zusammen: Der Narzisst kompensiert seinen geringen Selbstwert, indem er andere benutzt und missbraucht (Achse Stier-Skorpion im Schatten, mehr dazu im Kap. 9a). Auch die Selbstdarstellungen auf den Social-Media-Kanälen zeigen den Narzissmus in unserer Gesellschaft: Operierte Gesichter und Körper, falsche Haare und Zähne, Filter und Retuschen... Eine große, bunte Scheinwelt, die oft wenig mit der Wirklichkeit zu tun hat, jedoch einen enorm manipulativen Einfluss auf die Gesellschaft hat, allen voran auf die Jugendlichen. Viele vergleichen sich mit den Social-Media-Stars und den unrealistischen bis verstörenden Idolen und Idealen. Viele beziehen ihren Selbstwert über die Anzahl der Likes und Follower. Sie nähren sich von der Energie ihrer Anhänger und sind schwer abhängig von Algorithmen und dem Social-Media-Theater. Wahrer Selbstwert kann sich nicht entwickeln oder wird geschwächt, obwohl dieser der Haupt-Schlüssel für ein erfülltes und erfolgreiches Leben ist. Narzisstische Systeme, ob groß oder klein, sind wie Spinnennetze – es ist schwer, aus ihnen heraus zu kommen. Manchmal kommen sie gar von allen Seiten, um einen einzuwickeln und sich zu nähren. Der Narzisst hat oft ein gut gestricktes bzw. verstricktes Netzwerk. Nährender Ersatz ist schnell da. Der narzisstische Mann beispielsweise hat immer jemanden fürs Bett und zahlreiche Freunde und Lakaien um sich. Nutzbringende Menschen mit viel Verständnis, um seine innere Leere zu füllen, ihn zu bestätigen und zu retten. Doch retten kann sich jeder nur selbst.

Narzissmus heilen

Narzissten gelten in der Psychologie als nicht heilbar. Ich glaube, alles ist heilbar und jeder kann heilen. In der gelebten Spiritualität, wie ich sie verstehe, sind Beziehungen wesentlich – sei es eine Liebesbeziehung oder eine echte Freundschaft. Wichtig ist, dass die Person, mit der wir uns verbinden jemand ist, dem wir vertrauen können, bei dem wir uns absolut sicher fühlen und bereit sind, uns verletzlich und authentisch zu zeigen – ohne zu riskieren, verwundet oder verraten zu werden. In solchen Beziehungen heilen wir Menschen und kann auch der Narzissmus heilen. Wenn der Narzisst Vertrauen fasst, ist er durchaus bereit, näher hinzuschauen.

Erst wenn der Täter Liebe erfährt,
kann er sich selbst vergeben und Vergebung erfahren.

(Bernd Hellinger)

Es gibt einen einfachen Weg, um zu verstehen, sofern wir uns in herausfordernden Beziehungen oder Trennungen als Opfer der Umstände fühlen und Erkenntnis noch nicht eingesetzt hat. Somit auch drei wichtige Fragen für den Narzissten, dem Brüche in Beziehungen vertraut sind:

- Versetze dich in die Lage deines Gegenübers: Möchtest du, dass jemand mit dir so umgeht, wie du es heute, vielleicht über Wochen, Monate oder Jahre getan hast? Vielleicht unbemerkt, im Verborgenen, mit mehreren zusammen?

- Was sind die wahren Motive für dein Handeln?

- Was bleibt von dir, wenn alles um dich herum wegbricht?

Selbstwert

Den Narzissmus gibt es in unterschiedlicher Ausprägung, doch letztlich ist fast jeder von uns betroffen. Denn das darunter liegende Heilungsthema ist der mangelnde Selbstwert, damit einhergehend die gesunde Selbstliebe – daran hat die gesamte Menschheit zu knacken.

Doch der Tag wird kommen, an dem der Mensch wieder seine wahre Größe und Schönheit erkennen wird.

DAS wird die Welt wirklich verändern und heilen!

Wahrer Selbstwert und eine gesunde Selbstliebe sind deine Wurzeln – und Türöffner für alles!

Wo findest du sie? In deinem Herzen...

Viele Menschen leben fremdbestimmt – gesteuert vom eigenen und kollektiven Unterbewusstsein, den täglichen Konditionierungen und Ansagen, die gemacht werden. Anstatt eigen zu denken und zu fühlen. Anstatt selbstermächtigt und selbstbestimmt zu leben – und sich große Wertschätzung entgegen zu bringen. Jemand tut oder sagt etwas und sie reagieren darauf – entsprechend der emotionalen Wunde, die getriggert wird. Sie verletzen andere, um den eigenen Schmerz nicht zu fühlen. Und glauben, was sie denken – sie halten es für wahr.

Ähnliches passiert in der Corona-Krise: Die emotionale Wunde, die getriggert wird, ist die Angst (vor dem Virus mit seinen möglichen Folgen) und die Schuld (was passiert, wenn ich keine Maske trage, wenn ich mich nicht impfen lasse, wenn ich meine Meinung ehrlich sage?). Sie glauben an die Gefährlichkeit des Virus, an die Rettung der Welt durch Impfungen, an all die Konditionierungen. Und fast die gesamte Menschheit reagiert wie eine Horde Pawlowscher Hunde...

Angst und Schuld sind die Ur-Wunde der Menschheit.

Unsere Welt ist im Laufe der Zeit immer reaktiver, konditionierter und fremdbestimmter geworden. Nur Wenige handeln im Einklang mit ihrem wahren Wesen – und im Einklang mit der Natur und dem Kosmos. Weshalb Mutter Erde und die Natur zunehmend beben und sich erheben. Doch Rettung naht, denn das Wassermann-Zeitalter steht bevor und wünscht einen wahrlich freien Geist! Diesen in dem ganzen Tohuwabohu und bei all den Konditionierungen zu erlangen, ist hehres Ziel und dringende Notwendigkeit zugleich. Dazu gehört auch, ein gutes Unterscheidungsvermögen und objektives Bewusstsein zu entwickeln, das nicht urteilt und wertet, sondern neutral beobachtet und aus dem Herzwissen heraus Stellung bezieht.

c) Der patriarchale Geist

Doch noch regiert der patriarchale Geist die Welt, wie auch die Krise und der Umgang damit zeigen: Seit März 2020 erleben wir rigide, rechtswidrige, freiheitsbeschränkende Maßnahmen, Kontrolle, Druck...

Ohne dass die eigentlichen Ursachen der Krise und Viren bis zum heutigen Tag erkannt, benannt und wirklich angegangen werden – weltweit.

Ohne, dass die Menschen sich erheben. Zumindest nicht in Deutschland.

Die Erklärung ist einfach: Der patriarchale Geist ist fremdbestimmt, konditioniert, gefüllt mit Übernommenem und sehr ängstlich. Er reagiert unbewusst in Dauerschleifen, ohne eine Wahl zu haben. Viele denken jedoch, sie wären frei – so hält uns dieser alte Geist auch in Illusionen gefangen. Es ist ein großer Desillusionierungsprozess, in dem wir uns in Wahrheit hier auf Erden befinden. Der Schleier möchte sich lüften – wir Menschen und Mutter Erde endlich aus der Vollnarkose erwachen.

Bestimmung

So geht es in diesem großen, kollektiven Erwachens-Prozess von der Illusion und (Selbst-)Täuschung in

WAHRHEIT und KLARHEIT.

Von der Fremdbestimmung und dem Machtmissbrauch in die

SELBSTBESTIMMUNG und EIGENMACHT.

Von der Konkurrenz, dem Kampf, dem „Weiter, höher, schneller, besser", von der Angepasstheit und dem Opportunismus

ZURÜCK INS HERZ – in die HERZ-INTELLIGENZ, in unsere WAHRE KRAFT UND STÄRKE.

Unabhängig von den persönlichen Lebensaufgaben eint diese Bestimmung die gesamte Menschheit. Die aktuelle Krise zeigt jedem auf, wo er da steht. Bei allen Punkten geht es um die Heilung der Vergangenheit: Um die Befreiung aus der Angstherrschaft, um die Befreiung des patriarchalen Geistes, der nicht als solcher erkannt wird. Dieser unterdrückt immer das Leben und das Lebendig-Sein. Mit dem alten Geist werden wir die großen Herausforderungen unserer Zeit nicht meistern können, auch wenn es kurzfristig so scheint. Denn dieser ist im Verstand, im Ego verankert und somit in seinen Möglichkeiten begrenzt. Im Gegensatz zum freien Geist, der mit der Herz-Intelligenz verbunden ist und ganzheitlich schöpferisch zu denken und wahrzunehmen vermag. Die Astrologie beispielsweise ist die älteste Wissenschaft der Welt und weit weniger anerkannt als manch konstruiertes Gedanken-Gequirle.

Hoch gelobt wird, wer etwas über die sechste Dezimale sagt.
Verdächtig ist, wer etwas über das Wesentliche sagt.

(Karl Steinbuch)

So ist es noch immer – in vielen Köpfen. Im 21. Jahrhundert.

Ob das im Sinne der göttlichen Ordnung ist?

Geist ist ein komplexes Wort mit zahlreichen Bedeutungen. Wie ich den patriarchalen Geist begreife, möchte ich zum besseren Verständnis zusätzlich an zwei Beispielen aufzeigen:

Der nicht erwachte Mann

Ein nicht erwachter Mann – beziehungsweise sein patriarchaler Geist – hält die Frau/ das Weibliche bewusst oder unbewusst für sein Gut. Er hat den Anspruch und die Erwartung, dass Frau ihn auf allen Ebenen befriedigen und nähren sollte – körperlich, geistig, seelisch, sexuell, mütterlich, bekochend usw. Er achtet sie nicht in ihrem wahren Wert – mit ihrem Herz und ihrer Seele –, sondern im Nutzen für sich. Sie ist sein Motor für seine Aktivitäten und seine Kraft, und wenn sie wegfällt, spürt er schmerzlich, was ihm fehlt und seine Abhängigkeit von ihr. Er fühlt eine Leere in sich und in seinem Leben, sofern er nicht ganz ist in sich selbst: Sofern seine männliche und weibliche Seite nicht geheilt und integriert sind. Da Lilith nun immer mehr ins Bewusstsein der Frauen und ins kollektive Bewusstsein kommt, möchte Frau dem Mann nicht mehr dienen. Sie begehrt zunehmend auf und wünscht sich wertschätzende Beziehungen auf Augenhöhe und beginnt, selbstbestimmt Grenzen zu setzen, sofern der Mann es nicht anders versteht und in seiner Bedürftigkeit und Gier ihre Grenzen weiter überschreitet. Denn ein nicht erwachter Mann benutzt und missbraucht Frauen häufig – körperlich, geistig und/ oder seelisch.

Auf körperlicher Ebene manifestiert sich der patriarchale Geist schlimmstenfalls in einer Vergewaltigung oder in der körperlichen Züchtigung. Auch indem der Mann die Frau sich selbst befriedigend zum Objekt seiner Begierde macht. Nicht wenige Männer verschaffen sich dadurch ein Gefühl von Macht und Kontrolle über die Frau, vor deren Stärke und Verführungskraft sie in Wahrheit Angst haben. Es ist eine Form der Entwürdigung des Weiblichen, mit der sie zugleich das Männliche entwürdigen. Das gilt umgekehrt ebenso für die Frau.

In den genannten Fällen werden die Grenzen der Frau missachtet und überschritten. Der Frau wird (energetisch) geschadet, sofern sie nicht in ihrer voller Kraft ist oder zustimmt, denn der Mann bezieht auf diese Weise Energie von der Frau, er lebt von ihrem Licht (siehe Kap. 9 b). Das ist Wenigen bewusst, vielmehr weit verbreitet, anerkannt und selbstverständlich in unserer Gesellschaft. In seinem Anspruchsdenken hat ein nicht erwachter Mann meistens wenig Gefühl für die Grenzen eines anderen. Für die physischen und feinstofflichen Grenzen, wir alle haben eine Aura um uns herum, die ebenfalls verletzt werden kann. Ein nicht erwachter Mann ist schwach, denn ihm fehlt die Herzkraft, die er kompensatorisch über die Frau und berufliche Erfolge zu beziehen versucht. Er verschwendet seine Energie im Geiste des „Höher, schneller, besser, weiter", anstatt sich um die wesentlichen Anliegen der Gesellschaft und Welt zu kümmern und das Weibliche zu achten.

Als Frau, die Männer mag, möchte ich nicht alle Männer in eine Schublade stecken – ich schreibe hier vom nicht erwachten Mann –, sondern ich möchte sensibilisieren: Für den fehlenden Selbstwert, die unterdrückte Wut und Ohnmacht, den Schmerz und die Ängste, die oft darunter liegen. Blockaden und Traumen, die wir unbewusst in uns tragen und uralt sein können und häufig die Ursache von Übergriffen, Missbrauch und Disharmonien unterschiedlicher Art sind. Schauen wir uns um in der Welt… Eine Lösung ist, diese alten, niedrig schwingenden Gefühle und Ängste zu erkennen, sie anzunehmen und zu heilen. Frieden mit dem Männlichen und Weiblichen zu schließen – und achtsam mit sich selbst und anderen umzugehen. So kann jeder zur Heilung beitragen.

Die nicht erwachte Frau

Der patriarchale Geist wirkt genauso häufig in der Frau – nicht zuletzt, indem sie Obiges zulässt und mitmacht. Aufgrund der Geschichte, die wir mitbringen, sind beide Geschlechter verwundet und bedürfen der Heilung. Die nicht erwachte Frau kämpft um Anerkennung und Liebe: Sie vergleicht sich, konkurriert, grenzt aus, verrät, manipuliert, passt und strengt sich an… Anstatt zu leben, zu lieben, sich zu verbinden – ihre heilige Weiblichkeit zu genießen, zu feiern und zum Wohle des Ganzen zu nutzen. Es sind Frauen, die ihre natürliche weibliche Macht, ihr göttliches Licht nicht annehmen und demzufolge das Licht anderer schwer ertragen können – oder vom Licht anderer leben. Es sind Frauen, die sich selbst nicht achten und demzufolge sich und andere permanent abwerten oder sich über sie erheben müssen. Es sind Frauen, die nicht im Frieden mit dem Männlichen und Weiblichen und meistens tief verwundet sind.

Erinnern wir uns: Die Hauptaufgabe der Frau ist es, zu SEIN, zu EMPFANGEN und zu TRANSFORMIEREN. Dafür müssen wir uns rückverbinden mit der urweiblich-göttlichen Energie. Die reine weibliche Energie ist inspirierend, transformierend und heilsam – allein durch ihr Sein. Sie ist wie das Meer… Fließend, strömend, klärend, sich ausdehnend – frei, wild und wunderbar. Selbsterfüllt, lebendig, höchst schöpferisch und machtvoll. Alles Leben wird aus ihr geboren!

Als Frau, die Frauen mag, möchte ich dazu ermuntern, dass wir die alten Verletzungen und Verhärtungen sich endlich lösen lassen. Es ist das Weibliche in uns, das Intuitive, das Verbindende, das Sanfte und Empfangende das jetzt wichtig ist. Denn Neues möchte durch uns geboren werden in den kommenden Jahren – aus dem Sein, aus der weiblichen Energie heraus. Öffnen wir uns für die wahre, weibliche Kraft. Erlauben wir uns, ganz Frau und ganz frei zu sein! Es ist unsere Bestimmung…

Der größte Zauber einer Frau ist ihre Seele.
Sie ist das tiefste Geheimnis unserer Anziehungs- und Heilkraft.

Ich wünsche mir, dass wir Frauen endlich damit beginnen, uns in unserem wahren Wert zu erkennen und zu achten. Mit der natürlichen Folge, das Weibliche/ Frauen und das Männliche/ Männer achten zu können – und von Frauen und Männern geachtet zu werden. Und ich wünsche mir Männer, die sich auf den Weg machen, in ihre wahre männliche Kraft zu finden und ihr inneres Kind zu heilen. Nur dann habt ihr keine Angst vorm Weiblichen, müsst es nicht mehr abwerten, bekämpfen, meiden oder bedürftig nach Muttersaft suchen, sondern könnt das Weibliche und das eigene Männliche achten und ehren. Der Schlüssel für beide Geschlechter ist das Herz. Alles was in dieser Zeit geschieht, dient der Heilung und Versöhnung von Yin und Yang. Und somit dem Frieden – in sich selbst, im Miteinander und in der Welt.

Der patriarchale Geist meint im Kern den Unfrieden
zwischen dem Weiblichen und Männlichen.
Er steht für Angst, Schuld und Scham.

Es gibt noch sehr viel Unfrieden und Ungleichgewicht in der Welt: So viele Hilferufe und Schreie nach Aufmerksamkeit und Liebe. Bedürftigkeit und Gier, Schweigen, Angepasstheit und Opportunismus. Zahlreiche Abgründe und Tabus, vor denen wir Menschen noch immer die Augen verschließen. Weil es noch so viele verletzte innere Kinder auf der Suche nach Liebe gibt und wenige ihr plutonisches Schattenland geheilt haben.

Zur Heilung der Erde und Menschheit brauchen wir selbstbestimmte, freie Frauen und Männer in Frieden – auch und vor allem in den Führungsriegen: Die NEUE FRAU, den NEUEN MANN. Diese übernehmen Verantwortung für ihre verletzten Gefühle und heilen sie, anstatt sie (unbewusst) an anderen abzuarbeiten. Sie übernehmen Verantwortung für die Freiheit – für die persönliche und die Freiheit der Menschen. Sie haben einen freien Geist und ein liebendes Herz.

Befreie den Geist aus der wahnsinnigen Last der Schuld,
die er so müde trägt, und Heilung ist vollbracht.
Du bist nur in Deiner Schuldlosigkeit ganz,
und nur in Deiner Schuldlosigkeit kannst du glücklich sein.
Schuldlosigkeit ist Unverletzlichkeit.
Solange du Dich schuldig fühlst, hörst du auf die Stimme des Egos.

Wenn Du behauptest, Du seist schuldig,
die Quelle der Schuld aber liege in Deiner Vergangenheit,
dann schaust Du nicht nach innen.
Die Vergangenheit aber ist nicht in Dir.
Deine wunderlichen Assoziationen zu ihr
sind bedeutungslos in der Gegenwart.
Doch Du lässt sie zwischen Dir und Deinen Brüdern stehen,
zu denen Du keine wirkliche Beziehung findest.

Keine wirkliche Beziehung kann auf Schuld beruhen.
Wen gibt es, der nicht wünschte, frei von Schmerzen zu sein?
Vielleicht hat er noch nicht gelernt,
wie Schuld gegen Unschuld einzutauschen ist
und begreift vielleicht noch nicht, dass ihm nur in diesem Tausch
Freiheit von Schmerz zu Teil werden kann.
Doch brauchen jene, die beim Lernen versagt haben,
Unterweisung und nicht Angriff.

Das Ende der Schuld liegt in Deiner Hand, damit Du es gebest.
Willst Du jetzt nicht aufhören, in Deinem Bruder Schuld zu suchen?
Du erstattest jedem, den Du als schuldlos siehst,
die Schuldlosigkeit zurück.

Von jedem, dem du Befreiung aus der Schuld gewährst,
wirst Du unweigerlich Deine Unschuld lernen.
In der Befreiung, die Du gibst,
liegt Dein augenblickliches Entrinnen aus der Schuld.

Alle Erlösung ist Entrinnen aus der Schuld.

(Quelle: Ein Kurs in Wundern)

d) Der freie Geist

Für eine neue Welt brauchen wir neue Lösungen. Für neue Lösungen brauchen wir einen neuen Geist – einen freien, erwachten Geist!

Was meine ich mit einem freien Geist? Um auch die rechte Gehirnhälfte, den Verstand zu beglücken, findest du im Folgenden die zahlreichen Bedeutungen zum Begriff Geist:

- Der Verstand, der Intellekt.
- Allgemeiner Ausdruck für die kognitiven Fähigkeiten des Menschen.
- Die Gesamtheit der geistig-emotionalen Prozesse und Funktionen, die gesamte Psyche.

- Die zentrale Idee einer Sache: Der Geist der Liebe, der Geist eines Buches, der olympische Geist.

- Eine astrale Wesenheit bzw. Spukgestalt, ein überirdisches Wesen ohne Körper: *Mir ist ein Geist erschienen.*

- Der Sinn, die Essenz, auch die Kraft von einer Epoche: Der Geist der Aufklärung, der Geist der Romantik.

- Die Gesinnung eines Menschen: *Du hast in meinem Geiste gehandelt.*

- Der Mensch in Bezug auf seine verstandesmäßigen Fähigkeiten: Kleinere Geister verstehen oft großartige Gedankengänge nicht.

- Der Geist Gottes, der Heilige Geist.

- Die Gesinnung: *Er war freundlichen Geistes, er handelte im Geiste der Freundschaft.*

- Ein Toter: *Mir ist sein Geist erschienen.*

- Die Essenz eines Menschen bzw. seine geistige Stimmung, wie sie sich darstellt: *Er ist ein unruhiger Geist, ein kreativer Geist.*

- Der reine Geist, der Weltengeist, die Ebene des reinen Geistes – als transzendente Wirklichkeit, als Bezeichnung für Gott.

(Quelle: Yogawiki)

Die Vielschichtigkeit des Begriffs kann den Geist verwirren… Das 1. kosmische Gesetz besagt, dass wir Menschen ebenso wie alles Leben geistigen, feinstofflichen Ursprungs sind. Wir Menschen sind Geist – reine Energie, reines Bewusstsein. Unendliches ewiges Sein. Der Geist in uns ist unsterblich. Und dieser Geist möchte erwachen!

Erweckung

Doch wie erwacht ein schlafender Geist? Unser Geist erwacht durch das Licht in uns, es initiiert den Geist. Das göttliche Licht finden wir in unserem Herzen. Unser Herz erweckt unseren Geist!

Ein liebendes Herz erweckt und befreit den Geist –
und alle Geister um sich herum.

Wenn wir mit dem göttlichen Licht in uns verbunden sind, erwacht ein neuer Lebensgeist in uns… Weshalb ein freier Geist und ein liebendes Herz nicht ohne einander können – und jeder Freigeist ein Liebender ist. Das göttliche Licht, die Liebe, durchwirkt dann unseren Geist, sie entzündet ihn und damit unser gesamtes Sein – der Geist kann sich erheben und die transzendente Wirklichkeit schauen. In der Folge beginnen wir, das Wesentliche zu erkennen – in der Neuen Zeit geht es vom Persönlichen zum Wesentlichen. Es ist die Fähigkeit, mit den Augen der Quelle, mit den Augen der Liebe zu schauen:

Wir erkennen, dass jeder von uns ein winziger, jedoch bedeutender Teil des Ganzen ist und darin seinen eigenen Plan und Platz hat. Wir gewinnen Abstand zu uns selbst, zum kleinen Ego und dem Zirkus auf Erden. Wir erkennen, dass nur der physische Körper sterblich ist, Seele und Geist aber unsterblich sind – und alles und jeder der einen Quelle entspringt und miteinander verbunden ist. Wir alle entstammen einer höheren universellen Ordnung, in der jeder von uns seine einzigartige Aufgabe hat. Wenn uns das bewusst wird, finden Ärger, Neid, Konkurrenz, ein sich Vergleichen, sowie geistige, seelische und körperliche Leiden ein Ende. Der patriarchale Geist löst sich auf… Dies ist der Erwachens-Prozess der Menschheit, der Voraussetzung für den Aufstieg der Erde ist.

Im Gegensatz dazu ist der patriarchale Geist von (ur)alten Konditionierungen geprägt: Von Angst, Schuld und Scham – und lässt sich permanent weiter konditionieren… Nichts anderes geschieht in unserem Land und weltweit. Und das nicht erst seit März 2020. Im Gegensatz zum freien Geist hat der patriarchale Geist Angst vor der

Unendlichkeit des Seins. In seiner Wirkung gleicht er einem Filter, der die Wahrnehmung stark verzerrt. Die Befreiung von diesem Filter bedeutet, innerlich frei zu werden und zu erwachen – mit der Folge klar sehen und frei wählen zu können. Wenn über 90 % der Menschheit im patriarchalen Geiste lebt und liebt, einschließlich derjenigen, die an den Hebeln sitzen, verstehen wir, warum die Welt ist wie sie ist.

Freigeist

Was macht also einen Freigeist aus?

Ein Freigeist hat sich befreit von den alten Blockaden und Konditionierungen aus diesem und vergangenen Leben. Er kann sich aus dem Alten erheben und einen neuen Blickwinkel einnehmen. Er ist nicht mehr verstrickt in die Dualität und Polarität, in den alten Schmerz und die Mangelgefühle. Ein Freigeist nimmt eine erhöhte Wahrnehmung ein und überlegt sich, was zu tun ist in einer Welt, die aus den Fugen fällt, weil die alten Strukturen brüchig geworden sind. Und wählt einen anderen Weg...

Ein freier Geist ist nicht mehr in das alte Täter-Opfer-Spiel verstrickt, er übernimmt Verantwortung für alles, was er vorfindet – im Kleinen und im Großen. Er weiß, dass er all das irgendwann mit erschaffen hat. So übernimmt er auch Verantwortung für die Freiheit, für die persönliche und kollektive Freiheit (Saturn in Wassermann – 2020 bis 2023). Er weiß, dass das zum kollektiven Karma und Erbe der Menschheit gehört. Weil ein Freigeist mit dem Herzen, der Herz-Intelligenz verbunden ist, interessiert ihn Forschung und Wissenschaft wenig. Er ist unabhängig von Zahlen, Berechnungen und Beweisen, er braucht sie nicht. Das ist der alte Geist, der Recht haben und klug sein möchte und seine Festplatte gerne befüllt, um vermeintliche Sicherheit zu haben.

Uranus als höhere Oktave von Merkur ist zuständig für die Befreiung unseres Geistes und unserer Festplatte. Er möchte uns an unser wahres, geistiges Sein erinnern – und uns gemeinsam mit Jupiter zu ganz neuen Erkenntnissen führen. Weit ab von den herkömmlichen Wissenschaften, weit ab der Herde! So haben es Freigeister nicht leicht in dieser Zeit, denn alles möchte noch belegt und bewiesen werden. Das wünscht der alte Geist, der Filter. Doch ein freier Geist urteilt und wertet nicht. Er kann eine neutrale Haltung einnehmen und andere Geisteshaltungen tolerieren. Er nimmt alles wahr, identifiziert sich jedoch nicht mehr damit. Er kann es einordnen und hat freie Wahl, was er damit macht. Er verliert sich nicht mehr in Kleinteiligem – in Konflikten, Konkurrenz und Besserwisserei, er verschwendet keine Energie. Stattdessen verschenkt er seinen klaren, ruhigen Geist an die Welt – ohne Applaus, Ansehen oder sonstige persönliche Vorteile zu erwarten.

Mit einem freien Geist können wir das eigene Leben und Mutter Erde aus einem neuen Blickwinkel betrachten. Wir erkennen unser wahres spirituelles Sein und die grandiosen, menschlichen Potenziale – und beginnen damit, sie zu entfalten. Wir erkennen die wahren Ursachen für die Missstände und Unruhen in der Welt – und beginnen damit, sie wirklich anzugehen. Wozu auch gehört, als Menschheitsfamilie wieder zueinander zu finden und unser Miteinander ganz neu zu gestalten.

Die vernünftigen Menschen passen sich der Welt an;
die unvernünftigen versuchen, sie zu verändern.
Deshalb hängt aller Fortschritt von den Unvernünftigen ab.

(George Bernard Shaw)

Herz & Geist

Wenn das Herz verschlossen und voller Schmerz ist, kann der Geist nicht frei werden. Es braucht Frieden im Herzen, ein geheiltes, ruhiges Herz. Ein geheiltes Herz ist entspannt und kann sich öffnen, um zu empfangen. Wir bekommen Zugang zur Herz-Intelligenz. Geist und Herz wirken dann unmittelbar zusammen, Wissen aus höheren Ebenen fließt ohne Anstrengung. Das ist schwierig, wenn wir uns in wissenschaftliche Studien, den Massenmedien, Handys, Instagram-Accounts oder in verbalen Schlagabtauschen verlieren.

Ein freier Geist empfängt Wissen.

Der patriarchale Geist sucht – und es ist nie genug. Der freie Geist findet und überlässt sich – und fühlt sich dabei reich. Das Wesentliche kommt zu ihm, weiß er. So werden wir vom Suchenden zum Findenden. Ein freier Geist ist offen, alle Antennen sind auf Empfang… Er empfängt Wissen aus höheren Ebenen, gefiltert vom Herzen. Ein offenes, geheiltes Herz und ein freier Geist sind reine Liebe: Sehr klar, hoch intelligent, nicht immer bequem, sich selbst treu – und unabhängig von Wissenschaft, anderen Meinungen und Menschen, von Geistern und Viren, von individuellen und kollektiven Einflüssen. Dafür brauchen wir auch Mut, uns über das Alte, Übliche und den Mainstream zu erheben.

Friede im Herzen

Friede im Herzen ist somit die beste Voraussetzung für einen freien Geist! Schließen wir also Frieden – mit allem, was war und ist. Lassen wir die Vergangenheit ruhen. Körper, Geist, Seele und Herz atmen auf und können sich entspannen… sich öffnen und empfangen. Und neue Wege werden möglich!

Abschließend ein Text, der mir gefällt. Er wirft einen Blick auf die Funktionsweisen von Körper, Geist und Seele. Lassen wir uns inspirieren:

Wenn der Mensch die Fesseln seines inneren geistigen Kerns löst, kommt das befreiende Potenzial zur Offenbarung. Das Kräfteverhältnis im dreifachen Netz von Seele, Geist und Körper verändert sich zugunsten der Wiederherstellung des ursprünglichen Geistmenschen.

Das Wesen des Menschen gliedert sich in drei unterschiedliche Aspekte: Körper, Seele und Geist. Sie werden für die Dauer eines Menschenlebens in einem kugelförmigen Energiefeld, dem Mikrokosmos, zusammengehalten. Körper und Seele der Persönlichkeit sind vergänglich, der Geistkern ist unsterblich. Die drei Elemente in diesem System arbeiten in heutiger Zeit nicht harmonisch zusammen. Denn das geistige Prinzip wird von der Seele und dem Körper ignoriert und in einem passiven Zustand festgehalten. Das Potenzial des Geistkerns liegt noch weitgehend brach, die geistigen Kräfte können sich nicht offenbaren. Es ist wie bei einem Stück Holz, das am Grund eines Sees an einen Stein gebunden ist und dadurch gehindert wird, an die Wasseroberfläche aufzusteigen. Erst wenn das Seil gelöst wird, steigt es seiner Natur entsprechend ohne weiteres Zutun nach oben.

Die Seele als Mittler

Die Seele hat die Funktion, als Bindeglied zwischen dem Geist und dem Körper zu fungieren, der Persönlichkeit zu vermitteln, welche Rolle für sie im göttlichen Schöpfungsplan vorgesehen ist. Als solch vermittelndes Element gleicht sie jedoch einer Art Mischgefäß. Sie kann sich nach "oben" zum Geist oder nach "unten" zur Materie orientieren. Die Bewegungsrichtung wird vom Bewusstsein des Menschen bestimmt. Meistens wird die Seele aus den Kräften der Materie gespeist. Sie ist dann ganz den Prozessen der Vergänglichkeit unterworfen, und das Bewusstsein der Persönlichkeit kann sich weder davon lösen noch eine Höherentwicklung anstreben.

Das war nicht immer so. Als unsterbliche Seele von Gott erschaffen und mit seinem Geist verbunden, arbeitete sie mit am Gottesplan in einem verherrlichten Körper. Dieser unsterbliche Zustand kann erst dann wieder erreicht werden, wenn der Mensch die Disharmonie in seinem Wesen erkennt und sich öffnet für die Impulse, die vom Grund des Sees aufsteigen. Dann beginnt er den Weg nach "oben". Das Seil am Grund des Sees wird gelöst. So werden die Aspekte des dreifachen Netzes im Mikrokosmos von den geistigen Energien des inneren Kerns durchdrungen. Seele und Körper werden nach und nach verwandelt und erneuert. Die drei Elemente beginnen, auf harmonische Weise zusammen zu arbeiten. Die ursprüngliche Ordnung im Mikrokosmos ist wiederhergestellt. Es ist das Leben im und aus dem Geist.

(Quelle unbekannt)

Der Geist Gottes ist in dir und möchte durch dich wirken. Er manifestiert sich in deinem Körper und in deinem Leben. So frage dich:

Was finde ich vor in meinem Leben?
In welcher Weise manifestiere ich Gott auf Erden?

Erinnere dich an dein ICH BIN…

Verbinde dich mit dem Licht in deinem Herzen. Dann wirkt Gott, die Quelle, der Heilige Geist – wie auch immer wir diese alles durchwirkende Kraft nennen wollen – zunehmend durch dich. Und dein Geist wird frei! Und dieser erwachte Geist befreit auch deine Seele…

*Erkenne Gott in JEDEM, der dir begegnet – und sprich den GOTT
in ihm an. Es antwortet immer der, den du ansprichst.*

*Sprich mit jedem von Gott zu Gott – von Herz zu Herz.
Das göttliche Licht ist im Herzen jedes Menschen.*

*Sei bewusst ein GÖTTLICHER SEGEN für jeden,
der das Glück hat, dir zu begegnen.*

(frei nach Kurt Tepperwein)

8. Sprung ins Meer

Werde zum Findenden,
dem sich das Wesentliche offenbart.

Die alten Strukturen und Systeme lösen sich auf beziehungsweise sortieren sich neu. Sie sind Geburten des patriarchalen Geistes, der unsere Welt noch immer durchwirkt und die Menschheit über Angst, Schuld und Scham klein hält. Für eine neue Welt brauchen wir freie Geister und starke, liebende Herzen. Zudem Mut – den Mut, Vertrautes aufzugeben und ins Unbekannte zu springen...

Springst du mit?

Altbewährtes

Die Steinbock-/ Saturn-Energie ist deshalb so bedeutend in dieser Zeit, weil sie mit dem Altbewährten zu tun hat – mit dem, was wir schon immer so gemacht haben. Was nicht grundsätzlich negativ ist. Alte Werte wie Treue, Würde, Integrität, Ehrlichkeit, Authentizität wären in gelebter Form heilsam für jede Gesellschaft. Die Frage ist, aus welchem Geist Altbewährtes fortgeführt wird: Um die natürlichen Grenzen zu achten, um eine Gesellschaft ins Gleichgewicht und in die Selbstverantwortung zu führen – oder aus Angst, um Altvertrautes fortzusetzen und Kontrolle auszuüben? Nehmen wir ein Beispiel: Die aktuellen Corona-Regeln – Maske, 2G, 3G etc. Regeln korrelieren mit Steinbock/ Saturn. Eine Gesellschaft braucht zweifellos Regeln für ein funktionierendes Miteinander, ebenso in einer Pandemie. Doch welchem Geist entspringen diese Corona- und Impf-Regeln – und wem nützen sie?

Gehen wir damit neue Wege und stärken wir eine Gesellschaft, die Selbstverantwortung und Selbstbestimmung der Menschen?

Steinbock/ Saturn steht in nicht erlöster Form für den patriarchalen, Geist, der uns Altes weiter leben lässt. Für verkrustete Strukturen, Kontrolle und Fremdbestimmung. Für die Angst(-Herrschaft). Für Schuld, Scham und Karma. In erlöster Form steht diese Energie für Wesentlichkeit, Klarheit, Selbstmeisterung, natürliche Grenzen, Verantwortungsbewusstsein und für die (Selbst-)Bestimmung.

Pflichtbewusstsein ohne Liebe macht verdrießlich.
Verantwortung ohne Liebe macht rücksichtslos.
Ehre ohne Liebe macht hochmütig.

(Lao Tse)

Saturn

So zeigt Saturn in unserem Geburtshoroskop den Lebensbereich an, der für uns zunächst schwierig, Angst behaftet und mit Arbeit und Anstrengung verbunden ist, um ihn zu meistern und darin erfolgreich zu sein. Er steht für die Lebensaufgaben, die unausweichlich sind. Saturn können wir wie einen Lehrmeister begreifen, der uns unerbittlich auf das hinweist, was zu tun und zu korrigieren ist in unserem Leben. Er setzt uns Grenzen, um uns zu schützen – und lehrt die eigenen und die Grenzen anderer zu achten. So korreliert er auch mit unserem Gewissen. Er schickt uns auf den Weg der Selbstmeisterung.

Nicht zufällig ist die Steinbock-Energie seit 13 Jahren auch kollektiv betont: Pluto läuft seit 2008 bis Januar 2024 im Tierkreiszeichen Steinbock und wirkt hier wie ein Presslufthammer, der sich machtvoll durch verkrustete Strukturen bis zum Grund hindurcharbeitet. Das Altbewährte wird erschüttert und in der Tiefe transformiert... Im

Kleinen und im Großen. Zusätzlich lief Saturn vom 20.12.2017 bis 21.12.2020 im eigenen Zeichen Steinbock, und auch Jupiter lief von Ende 2019 bis Ende 2020 in Steinbock. In 2020 kamen somit die beiden gesellschaftlichen Planeten Jupiter und Saturn mit Pluto in Steinbock zusammen. Es war ein wegweisendes Jahr, das brüchige Strukturen weltweit erkennen ließ, um die Menschheit zu einem Spurwechsel zu bewegen.

Wesentliches

Es wird leichter, wenn wir uns künftig auf das Wesentliche konzentrieren. Das bedeutet, seine Bestimmung und Berufung zu finden und sie zu leben.

Machst du das, wofür du bestimmt bist?
Weißt du um deine Lebensaufgabe(n)?

Es bedeutet, die eigene innere Autorität zu erwecken, um nicht mehr fremdbestimmt, sondern selbstbestimmt zu leben:

Gehorchst du blind – oder folgst du deiner eigenen, inneren Führung? Bist du dir selbst treu?

Zur Steinbock-/ Saturn-Thematik gehört auch die „Neue Führung", bei der wir Verantwortung übernehmen und nicht mehr nach Schuld und Schuldigen im Außen suchen. Hier erkennen wir den eigenen Anteil in allem – auch in der kollektiven Situation.

Vielleicht erkennst du dich auch im folgenden Text wieder:

Sprung ins Meer
(Steinbock – 21.12. bis 20.01.)

So läuft der Schütze munter und froh durch sein Leben – stets auf warmen, sonnigen Wegen. Sorgenfrei, im Kopfe so allerlei... Doch langsam ziehen die Wolken auf: Kühl wird es und grau – nichts zu spüren mehr vom milden Morgentau. Vom weichen, grünen Gras unter den Füßen. Dem Duft von Natur und freundlichen Grüßen. Ja, gibt es denn etwas zu büßen? So einsam wird's und steinig unter seinen Füßen... Doch will der Schütze seiner Wahrheit folgen, gibt's kein Zurück – wenn es auch scheint zu schwinden sein Glück. Und plötzlich steht er dann vor ihm, der alte Bock, in seinem schlichten Zipfelrock. Der Steinbock ist's, ein ehrenwerter, loyaler Kamerad, dessen Leben oft gleicht einem Hamsterrad. Tatkräftig, vernünftig und diszipliniert – stets darauf bedacht, dass etwas sich rentiert. Konsequent, ernst und treu – und immer auch ein wenig scheu.

„Wie geht es dir, mein alter Freund? So schön ist es, dich hier zu sehen – lass gemeinsam uns ein Stück des Weges gehen!" „Ach lieber Schütze, du weißt - immer habe ich zu tun... Ohne dies kann ich schlecht ruhen. Mein Lebenswerke lange noch ist nicht vollbracht, obwohl so allerhand schon ist gemacht. Leben wir doch in einer rauen und harten Welt, in der nur eines zählt: Karriere, Status, Macht und Geld. Nur die materiellen Werte geben uns Sicherheit – dafür hart zu arbeiten, bin ich bereit. Das Leben an sich ist Beruf, folgen wir unserem wahren Ruf."

„Mein Leben entspricht eher einer Mission, meiner gelebten Vision. Hey, das Leben soll doch Freude machen! Zu wichtig ist mir auch das Lachen... Was mich aber weit mehr interessiert, mein lieber Freund: Gibt es eine Liebe? Was machen die Triebe? Und die Gefühle – wo bleiben sie bei all dem Ehrgeiz, Ernst und deiner Kühle?" Traurig blickt der Steinbock auf den Boden und schweigt. Und dem Schützen tut's schon leid... Was er so impulsiv gefragt– manches sollte bleiben bei ihm ungesagt... <Warum ist er so verschlossen, der liebe Steinbock, gar reserviert? Selbst wenn ihn etwas sehr berührt... gibt er sich lieber kühl – als hätt' er kein Gefühl...>

Der Schütze ganz einfach übergeht das Schweigen, tanzt mit dem Steinbock einen flotten Reigen, kraxelt mit ihm dann die Berge hinauf – schon sind beide wieder wohlauf. Die Bergluft tut gut. Macht den Kopf frei und klar. Die Kargheit der Natur kann sein so wunderbar... Und diese Stille und Wesentlichkeit macht Beide dann auch bereit: Für die Innen-Schau, die Kontemplation – gepaart nun mit äußerster Konzentration. So wichtig, um ihre Aufgaben für sich zu definieren. Realistische Ziele dann anzuvisieren!

Sinnierend stapfen die Beiden nun durchs Gebirge... Bis plötzlich er ist zur Stelle, der Hüter der Schwelle: Der Gott Saturn ist´s, der bevorzugt das Schweigen. Doch heute bricht er´s, denn zu sagen hat er was den Beiden: „Karma, ich sage euch, es geht auch an euch nicht vorbei! Ihr erntet, was ihr sät, wann immer die Zeit dazu rät. Nicht nur verantwortlich seid ihr für euer Gesicht, welches euch hoffentlich entspricht. Verantwortlich seid ihr für das, was ihr tut. Meidet folglich den Übermut. Verantwortlich seid ihr auch für das, was ihr unterlasst – sofern ein Handeln ist angebracht. Geht also bedacht und sorgsam durch das Leben – nur dann wird am Ende es euch erheben. Findet euren Platz in der Gesellschaft, begreift sie mit ihren Mitteln und Wegen. Nicht zuletzt, um eure Selbstverwirklichung zu pflegen – und Anderen durch eure Berufung zu geben. Nehmt ein einen Platz, der euch gebührt - und zielgerichtet durch das Leben führt. Den einen oder anderen vielleicht sogar berührt... Denn eure Wahrheit muss sich in der Wirklichkeit bewähren – nur dann kann sie euch auch nähren. Und vergesst nicht, all die Zeigefinger und Gesetze zu beachten, die das Miteinander der Menschen erst möglich machten. Werdet erwachsen! Ich bring´s auf den Punkt – die einzige Lebensführung, die für den Menschen ist gesund. Ihr wisst, die Sterne lassen alles erkennen, um euer Schicksal präzis zu benennen. Diesem habt ihr euch dann zu ergeben – so ist es halt, das Leben...“ Mit erhobenem Zeigefinger und strengem Blick lässt Saturn dann die Beiden zurück. Welch Glück...

Der Steinbock, noch erstarrt von dem Reden, der Schütze schon wieder zugegen: „Da hat der Gute aber was übersehen – sehr wohl nämlich können wir die Sterne umgehen. Sind sie doch nur Werkzeuge des karmischen Gesetzes: In der Lage zwar, mögliche Ereignisse vorzugeben – über alles andere jedoch kann der Mensch sich erheben. Durch die Sterne zu einem bestimmten Schicksal verdammt!? Nicht mit mir – wenn die Astrologie auch kann so allerhand. So lässt sie uns sehen, was war und wer wir sind – dies auch erstaunlich geschwind. Lässt uns all unsere Möglichkeiten begreifen, dient somit ungemein unserem Reifen. Doch was wird sein? – obliegt zum Glück uns fast allein. Denn der Mensch hat die WEISHEIT, den WILLEN und den GÖTTLICHEN SCHUTZ. Dies vereint und geschickt genutzt, lässt ihn die kosmischen Gesetze regulieren – fang an, mein Freund, es auszuprobieren. Befreiung ist möglich, in jedem Moment! Dies vertrete ich, ganz vehement. Der Weise besiegt die Sterne, seine Vergangenheit – dazu ist er zu allem bereit. Die Lösung liegt allein in den inneren Siegen. Nicht in äußeren, erst recht nicht in Kriegen."

Nachdenklich schaut der Steinbock den Schützen jetzt an – wahrlich, ein weiser Mann. „Mach es gut, mein lieber Freund, weiter muss ich nun ziehen. Wie schön es doch war, unser Wiedersehen. Mit Weisheit und Willen überliste die Sterne – und dein Glück wird nicht sein in weiter Ferne!"

Zu gern aber mag der Steinbock das Altbewährte, die Tradition – führt sie ihn auch in die Isolation. Was angepriesen wird als besser, schneller, neuer erscheint ihm einfach nicht geheuer. So kraxelt er weiter in seiner kargen Welt. Baut fleißig auf - und schafft viel Geld.

Schließlich aber hat auch er es geschafft: Sein Lebenswerke ist vollbracht! Hoch oben steht er nun auf des Berges Gipfel. Im eisigen Winde weht noch der Mützenzipfel. Doch wo ist die Freude, wo ist das Glück? Wenn er so denkt an den Schützen zurück... Da überkommt ihn ein Anflug von Depression – und ein schmerzhaftes Gefühl der Isolation. Zu viele Gefühle hat er in seinem Leben kontrolliert und unterdrückt, obwohl so manches ihn hat verzückt. Und nichts gibt es mehr zu tun... Das kennt er nicht – was nun?

Doch Rettung naht, so ist das Leben... Wir wissen es, auch dem Steinbock wird es geben. So erblickt der Steinbock schließlich das Meer in dem Tale. Sehnsüchtig schaut er hinab – viele, viele Male. Jedoch groß ist die Angst vor der Welt des Wassers, der Gefühle – vertraut ihm ist weit mehr die Erde, die Kühle. Schließlich aber wagt er es und springt... Er spürt, dass nur so auch die emotionale Reife gelingt. So taucht er ein in diese weiche Welt - in dieses ozeanische Treiben... Gewissen, Schuld und Scham er fortan lässt bleiben.

Und gehen wir von einem aus: Der Steinbock will nie mehr heraus! Die 2. Lebenshälfte ist erreicht – es wird leichter, ja, fast heiter. Zudem bekommt er bald einen außergewöhnlichen Begleiter... Doch genug ist geschrieben, ich bleibe verschwiegen. Nur eines schon: Des Schützens Intuition, gepaart mit des Steinbocks

Kontemplation, macht möglich die Revolution – und diese ist nötig, doch allein des Wassermanns Obsession.

(Hamburg, im Januar 2011)

9. Schatten

Wer seine Macht kennt, missbraucht sie nicht.
Er nutzt sie – verantwortungsbewusst und liebevoll.

So fliegen uns die Viren jetzt nur so um die Ohren – als natürliche Folge dessen, wie wir Menschen miteinander und mit Mutter Erde über einen sehr langen Zeitraum umgegangen sind. Impfung hin oder her – die tiefsten Sümpfe beben und wirbeln Unrat unterschiedlicher Art auf. Lange Verdrängtes und Unterdrücktes bahnt sich seinen Weg an die Oberfläche. Wir haben die Wahl: Wegschauen und Löcher-Stopfen oder Hinschauen und Heilen. Das gilt für jeden persönlich und fürs Kollektiv.

Alle Heilung ist Befreiung von der Vergangenheit.

Die Ägypter nannten die Zeit, die wir jetzt durchleben, die "Dunkle Nacht der Seele", durch die wir zunächst hindurch müssen, bevor wir auf der anderen Seite herauskommen und zum ersten Mal wirklich die Sonne sehen. Das erfordert, dass wir absolut ehrlich zu uns selbst und bereit sind, uns dem eigenen Schattenland zu stellen. Dem Schattenland, das die Menschheit seit Jahrtausenden davon abgehalten hat, Gewahrsein und Bewusstsein zu erhöhen. Die Transformation des plutonischen Schattenlandes halte ich neben der Herz-Heilung für den wichtigsten Lösungsansatz in der aktuellen Krise und für alle Missstände in der Welt.

a) Das Schattenland

Was meine ich mit dem plutonischen Schattenland?

Pluto haben wir bereits im 2. Kapitel kennengelernt, der Herrscherplanet vom Skorpion. Ein Kleinplanet, der dort, wo er wirkt, durch einen Stirb-und-werde-Prozess einen tiefgreifenden Wandel bringt. Wir alle sind hier, um aus den dunklen Schattenenergien ins Licht, in unser wahres spirituelles Sein zu erwach(s)en. Pluto ist in diesem großen Transformationsprozess ein wichtiger Katalysator. Er führt uns in die Tiefen unseres Seins, um Schatten sichtbar zu machen und zu erlösen. Auch in der Corona-Krise wirkt er als Katalysator, denn Viren werden astrologisch Skorpion/ Pluto zugeordnet. In diesen und in den kommenden Jahren geht es um tiefgreifende, gesellschaftliche Neu-Strukturierungen.

Schatten

Das plutonische Schattenland ist eine der großen Herausforderungen unserer Zeit. Es durchwirkt unsere Welt noch tief, ebenso der mangelnde Selbstwert. Beide gehören zusammen, das eine geht nicht ohne das andere (Achse Stier-Skorpion). Astrologisch zählen zum plutonischen Schattenland die Macht-/ Ohnmachts- und Kontrollthemen. Die Verstrickungen und die Unterdrückung. Eifersucht, Neid, Missgunst. Die Abwertung, Denunzierung und das Misstrauen. Die Rache und das Nicht-Vergeben-Können. Verrat, Intrigen, Betrug. Jegliche Zwänge, Manipulation und Täuschung. Die Drohung und die (emotionale) Erpressung. Dogmen und Ideologien. Jede Form von Missbrauch – geistig, körperlich und seelisch. Die tiefste Angst. Manipulative Machenschaften im Verborgenen, die von Angst und Gier motiviert sind. Sämtliche Abgründe und Tabus einer Gesellschaft, über die wenige sprechen, die viele gerne weit von sich weisen. Es geht immer um Macht und Ohnmacht beim plutonischen Schattenland – mit dem Ziel, in die Eigenmacht zu erwachsen, Herr unserer selbst zu werden.

Noch stehen überwiegend Machtinhaber und Influencer in der Öffentlichkeit, die das eigene Schattenland weder erkennen noch erlöst haben. Weshalb sie die wahren Ursachen der Missstände in der Welt nicht erkennen, selbst fremdbestimmt und vom Machtthema infiziert sind. Wenn der amtierende US-Präsident verkündet, nicht vergeben, sondern vergelten zu wollen und ein deutscher Kanzlerkandidat auf die Frage, was Macht für ihn bedeute, mit keinem Wort vom Wesenskern und der Herzkraft des Menschen spricht, zeigt es den Geist der Regierenden unserer Welt. Dennoch glaube ich, dass durchaus hehre Absichten hinter vielen Regierungshandlungen stehen. Doch ob hehre Absichten oder Macht und Gier die Motivation sind – letzten Endes erwachsen und erwuchsen sie alle dem alten Geist, der Angst. Ansonsten sähe unsere Welt anders aus.

Der Saturn-Pluto-Zyklus

In dem Zusammenhang ist es interessant, den Saturn-Pluto-Zyklus näher zu betrachten. Der durchschnittlich 40 Jahre andauernde Zyklus, der im Jahr 2020 neu begonnen hat, ist einer der wichtigsten astrologischen Zyklen. Als großer Planetenzyklus steuert er vor allem die kollektiven Geschehnisse im Sinne einer globalen Gesamtentwicklung. Saturn-Pluto steuern die wirtschaftlichen Prozesse. Saturn ist Hüter der Zeit, Pluto Herrscher der Unterwelt – zwei machtvolle Planeten, die am 12. Januar 2020 auf 22° Steinbock zusammen kamen. Das Ende und der Anfang eines neuen, großen Zyklus sind immer von Bedeutung und haben starke Auswirkungen auf die individuellen und kollektiven Prozesse. Wir haben es deutlich zu spüren bekommen in 2020.

Die großen Planetenzyklen – auch eine Stimme des Göttlichen – geben mit den unterschiedlichen astrologischen Zyklus-Stadien (Konjunktion, Quadrat, Trigon, Opposition) einen zeitlichen Rahmen vor, in dem gewisse Aufgaben im Sinne des Zyklus-Themas zu lösen sind. Ähnlich wie in einem Märchen, damit es stets auf einer höheren Ebene weiter gehen kann. Der letzte Saturn-Pluto-Zyklus begann 1982 auf 27° Waage. Er wurde von der Menschheit in den vergangenen Jahrzehnten nicht im

Sinne des Göttlichen genutzt. Viele Aufgaben wurden nicht gelöst, manches hat sich eher verschlimmert: Sehr viele Menschen und Völker leben noch fremdbestimmt. Die meisten Menschen leben in verstrickten, abhängigen Beziehungen. Viele Menschen in leitenden Positionen missbrauchen permanent ihre Macht. Unsere Medien, Politiker und sonstige Machtinhaber sind größtenteils unfrei und fremdbestimmt. Unsere Gewaltenteilung funktioniert nicht. Das Finanzsystem wackelt heftig… Und die Masse ist sich dessen überhaupt nicht bewusst – oder wir schweigen und schauen weg. So braucht es zuweilen kataklysmische Ereignisse, damit der Mensch, eine Gesellschaft aufwachen, um Not-Wendendes anzugehen. Nicht als Strafe – das Göttliche straft nie –, als natürliche Folge des kosmischen Gesetzes von Ursache und Wirkung.

Der unerlöste Pluto steht für Unterdrückung, Kontrolle, Fremdbestimmung und die tiefste Angst – in erlöster Form für Selbstermächtigung und Eigenmacht. Der unerlöste Saturn steht für den patriarchalen Geist, Fremdbestimmung und Angst – in erlöster Form für Selbstbestimmung und Selbstverantwortung. Im Zusammenspiel lehren sie uns den Weg von der Fremdbestimmung in die Selbstbestimmung. Von Angst und Ohnmacht in die Eigenmacht. Im Persönlichen fordern sie auf, karmische Verstrickungen zu lösen, gebundene, blockierte Energie wieder in den Fluss zu bringen. Sie lehren, sich von Negativität und Plutonischem jeder Art abzugrenzen – Sümpfe und Spinnennetze zu verlassen. Sie lehren Machtinhaber, verantwortungsbewusst mit ihrer Macht umzugehen. Sie lehren, die Naturgesetze und natürlichen Grenzen zu achten. Wegen des eigenen unerlösten Saturn und Pluto im Geburtshoroskop erleben viele auch persönlich einen großen Druck in diesen Jahren. Oft gepaart mit tiefen Ängsten, die an die Oberfläche kommen, um geheilt zu werden.

Selbstermächtigung

Pluto bringt uns mit tiefen, unbewussten Ebenen unseres Seins in Kontakt. Wo Pluto im Geburtshoroskop steht und transitiert (Zeichen, Haus, Aspekte), ist immer Wandlung nötig und ein Schatz verborgen.

Pluto führt uns in unser persönliches Schattenland, um es zu erlösen. Er führt eine Gesellschaft in ihr Schattenland – in die Abgründe und Tabus, die sie hervorgebracht hat, um diese zu transformieren. Aus Blei macht er Gold. Somit steht Pluto auch für Reichtum. Wenn wir unseren Radix-Pluto geheilt haben, machen auch wir aus Blei Gold und finden in unsere natürliche Macht zurück: Wir wissen um unsere Schätze und unseren wahren Wert (Stier). Wir wissen um unsere Macht und Stärke, nehmen sie an und gehen verantwortungsbewusst mit ihr um (Saturn-Pluto). Von dem Punkt an ändert sich alles, und das Theater hört auf. So steht dieser Zyklus auch für eine Neue Führung, für einen neuen Umgang mit Macht und Stärke.

Wer sein Schattenland nicht erlöst, erlebt immer wieder Macht- und Ohnmachtsthemen in seinem Leben, auch in Beziehungen und in der Liebe. Der persönliche Entwicklungsweg führt von Machtmissbrauch und Ohnmacht zur Eigenmacht: Wir werden Herr unserer Selbst – Herr unserer Gedanken, Gefühle, Triebe, Süchte usw. und heben unsere Schätze. Wenn ich Herr meiner Selbst bin, habe ich nichts zu fürchten. Statt Angst und Kontrolle entwickeln sich (Selbst-)Vertrauen und wahrer Eigenwert (Stier).

Pluto

Das Problem bei Pluto ist, dass er als Herr der Unterwelt im Unterbewusstsein wirkt und wir oft lange brauchen, bis uns das eigene plutonische Verhalten bewusst wird. Stattdessen projizieren oder übertragen wir es auf andere. Gerne bauen wir Feindbilder von den Menschen auf, die uns den Schatten zu deutlich spiegeln. Was wir an anderen am meisten ablehnen, ist jedoch häufig der eigene Schatten. Wenn wir uns selbst hingegen vollständig annehmen und den Schatten integrieren, wird uns Pluto reich beschenken: Wir finden zurück in unsere wahre Macht und Stärke – aus der Verbindung mit unserem Wesenskern, unabhängig von allem Äußeren.

Wahre Macht hat derjenige, der mit sich verbunden ist
und tief in sich ruht. Weil er seine Stärke aus der göttlichen Quelle
in sich bezieht — aus dem Wesenskern, nicht aus dem Ego.

Gleiches gilt für unsere Gesellschaft: Die beschriebenen Schattenthemen wirken vielfach im Verborgenen, zum Teil unbewusst. In manchen Kreisen/ Branchen gelten sie als selbstverständlich, gehören zu den Gepflogenheiten und unausgesprochenen Regeln. So werden sie wenig erkannt und noch weniger benannt. Es sind Tabuthemen — und wer sie anspricht, riskiert einiges... Ich persönlich habe mir die eine oder andere goldene Tür zugeschlagen, indem ich Dinge benannt habe, die keiner hören wollte. Manche Tür ging deshalb gar nicht erst auf. Ein ehrliches Wort, ein ehrliches Gespräch habe ich im Gegenzug nie erhalten. Wir sehen, es ist nicht einfach aus diesem Schattenland herauszukommen. Das braucht Rückgrat und Mut. Wir alle wissen, dass es auch in einem „Rechtsstaat" Möglichkeiten gibt, Menschen wegen unerwünschter Meinungen und Gesten die Existenz zu erschweren oder zu zerstören. So ist die Versuchung groß, alles weiter zu machen wie bisher: Mitmachen und wegschauen. Lieber auf Nummer sicher gehen, als im Zweifel die eigene Karriere zu gefährden. Doch was wir nicht bewusst berühren, wird uns früher oder später als Schicksal zuteil.

Neue Führung

Ein ehrlicher Blick auf sich, die Gesellschaft und die Welt ist mittlerweile unausweichlich, sofern wir uns eine bessere Welt wünschen. Wie gesagt, diesem Schattenland haben wir die Viren und die Corona-Krise zu verdanken, die verheerenden Missbrauchsskandale, die fehlende Integrität vieler Menschen und Machtinhaber etc. Wenn wir so weiter machen wie bisher, werden wir die gleichen Ergebnisse erzielen wie immer: Wir stopfen Löcher und drehen uns im Kreis. Während die Welt immer unruhiger und Mutter Erde sich weiter erschüttern wird. Wir haben jetzt die Möglichkeit, in der Tiefe aufzuräumen und bestenfalls in Zukunft Machtinhaber, die sich dafür einsetzen.

Doch bei all dem Plutonischen, vergessen wir eines nicht: Nur wenige handeln in böser Absicht, darunter liegt immer die Angst. Pluto steht unter anderem für die tiefste Angst. Auch der Wunsch nach Macht und Kontrolle ebenso die Gier entspringen letztlich der Angst – der Angst, nicht genug zu bekommen und dem fehlenden Vertrauen in sich, in andere Menschen und in das Leben. Je mehr ein Mensch verletzt und manipuliert worden ist in diesem oder vergangenen Leben und je größer seine Ängste sind, desto stärker wird er über Kontrolle versuchen, vermeintliche Macht über Geschehnisse und Menschen zu erlangen. Um sich zu schützen – um nie wieder so verletzt und verwundet zu werden... Hinzu kommt, dass viele überfordert sind mit all dem, was in den letzten Jahren an zu Heilendem sichtbar wurde. So braucht es Mitgefühl und Verständnis im Miteinander, jedoch ebenso Grenzen und Respekt.

Fazit

Wer sein Schattenland hingegen erlöst hat, sprich wer innerlich frei und selbstermächtigt lebt, wird in diesen Monaten und Jahren an natürlicher Macht, Autorität und Ansehen dazu gewinnen. In den kommenden Jahrzehnten werden die wahren Führungspersönlichkeiten sichtbar werden: Es sind diejenigen, die vertrauenswürdig und integer sind. Die nicht von Angst, Gier und Kontrolle geleitet werden. Die nicht mehr unbewusst von ihrem plutonischen Schattenland, sondern von ihrem Herzen regiert werden. Die wahrhaftig und sich selbst treu sind und sich mutig zeigen – unabhängig von Ruhm, Glanz und persönlichem Vorteil.

Die Heilung der Erde fängt bei jedem Einzelnen an. Es ist sinnvoll und erleichternd, sich in dieser Zeit den eigenen Schattenseiten zu stellen anstatt in alten Mustern und Ängsten zu verharren – und sich aus jeglichen Abhängigkeiten zu befreien. Dazu gehört auch die Erkenntnis, dass die hauptsächliche Macht über den Geldfluss, über die Hochfinanz ausgeübt wird, die wir mit unseren Steuergeldern nähren. Für eine neue Welt wird es wesentlich sein, sich auch aus diesen Abhängigkeiten zu befreien, bevor sie auf digitales Geld umstellen. Auch das bedeutet eine Erlösung des plutonischen Schattenlandes, zudem finanzielle

Unabhängigkeit (Uranus in Stier bis 2026).

b) Verstrickungen – Missbrauch

Plutonische Beziehungen

Wenn das plutonische Schattenland in Beziehungen wirkt, können ein wahrhaftiges Miteinander und wahre Liebe nicht gelebt werden. Plutonische Beziehungen, wozu auch die narzisstischen zählen, sind abhängige, verstrickte Verbindungen, in denen Macht- und Ohnmachtsthemen vorherrschen. Die Ursache von Verstrickungen sind immer eine tiefe Angst, ein geringer Selbstwert und mangelndes Vertrauen in sich und das Leben (Achse Stier-Skorpion in nicht geheilter Form). Beide Seiten sind bedürftig – zwei verletzte, innere Kinder auf der Suche nach Liebe. Man gibt, um zu bekommen. Man macht und tut, um geliebt zu werden. Man erwartet, fordert, manipuliert, verweigert sich – um Bestätigung, Aufmerksamkeit und Liebe zu erhalten. Nicht selten geht es auch um Geld und gesellschaftlichen Status. Was man als Kind so schmerzlich vermisst hat, suchen viele ein Leben lang im Außen. Mit der Folge einer (unbewussten) Erwartungshaltung an andere, die uns im kindlichen Ich gefangen hält. Um eine Analogie anzuführen: Die Tarot-Karte 15 *Der Teufel* korreliert astrologisch mit dem plutonischen Schattenland. Diese Karte steht für verstrickte Beziehungen und unbewusste Schattenseiten darin – wie die Unfreiheit, Unehrlichkeit, Triebhaftigkeit, Eifersucht, Gier, Missbrauch etc. Die Lösung aus Verstrickungen ist ein wichtiges Thema in diesen Jahren. Sie sind weit verbreitet, sehr Energie zehrend und erschweren den Aufstiegsprozess. Darunter liegen für beide Seiten die eigenen Themen und Wunden, die geheilt werden wollen, um Altes nicht in Dauerschleife fortzusetzen. In der Neuen Zeit geht es in die lichtvollen Beziehungen, die von Freude, Souveränität und bedingungsloser Liebe getragen sind.

Die Abhängigkeiten können materieller, sexueller, emotionaler, körperlicher, geistiger und/ oder seelischer Art sein. Auf der feinstofflichen Ebene zeigen sich Verstrickungen an energetischen Schnüren, die medial Wahrnehmende sehen oder spüren können. Häufig sind folgende Chakren betroffen:

- Wurzel-Chakra-Schnüre: Materielle Abhängigkeiten
- Sakral-Chakra-Schnüre: Abhängigkeiten emotionaler oder sexueller Art
- Solarplexus-Schnüre: Macht- und Ohnmachtsthemen.

Missbrauch

Zu den Verstrickungen gehört auch der Missbrauch, das Benutzen von Menschen: Hier bereichern sich Menschen auf Kosten anderer – sie nähren sich auf schädigende Weise von fremder Energie. Ein Phänomen, das ebenfalls weit verbreitet ist und überwiegend im Verborgenen stattfindet. Dank der ansteigenden Energien kommen die zahlreichen Missbrauchsskandale nun zunehmend ans Licht. Es gibt den körperlichen, geistigen und seelischen Missbrauch.

Beispiele:

- **Geistiger Missbrauch:** Das Wissen anderer für sich nutzen und sich daran bereichern. Menschen, die sich im Energiefeld anderer aufhalten, um Energie/ Macht/ Licht von diesen zu beziehen – höheres Bewusstsein hebt niedrigeres. Dazu zählt auch das (energetische) Stalking.
- **Körperlicher Missbrauch:** Die Vergewaltigung. Die körperliche Züchtigung. Auch subtilere Formen wie die Selbstbefriedigung – das Benutzen anderer für die eigene Lustbefriedigung.
- **Seelischer Missbrauch:** Eltern/ Erziehungsberechtigte, die die seelische Eigenart des Kindes unterdrücken, so dass sich dieses nicht frei entfalten kann. Seelisch abhängige Beziehungen. Der Verlust und Missbrauch von Seelenanteilen.

In allen Fällen werden Grenzen missachtet, sofern das Gegenüber nicht einwilligt. Diejenigen, die missbraucht werden, verlieren Energie, sofern sie nicht in ihrer ganzen Kraft sind. Denn niemandem kann geschadet werden, der sich seiner Grenzen bewusst ist, sie zu schützen weiß und in der Energie der Liebe schwingt.

Missbrauch ist ein großes Schattenthema unserer Gesellschaft. Insbesondere der geistige und seelische Missbrauch sind heikle Themen, weil der subtile Missbrauch schwer nachweisbar und wenig darüber bekannt ist. Menschen können sich permanent im fremden Energiefeld aufhalten und wie Parasiten vom Licht anderer leben. Nicht wenige beziehen auf diese Weise Power und Macht von anderen und fügen diesen zum Teil erheblichen körperlichen, geistigen oder seelischen Schaden zu. Hochsensible und medial wahrnehmende Menschen können Verstrickungen und subtile Übergriffe als stark belastende und schwächende Eingriffe in das eigene Energiefeld und Leben erleben. Sie können ein Saugen und einen Druck auf den Solarplexus wahrnehmen, ein unangenehmes Ziehen bis hin zur Übelkeit. Doch ob bewusst wahrgenommen oder nicht – schwächend ist es immer für den Missbrauchten. Eine Sensibilisierung für das eigene Energiefeld und die eigenen Grenzen ist somit ebenso wichtig wie eine Sensibilisierung für die Grenzen anderer. Jeder sollte in seinem Energiefeld bleiben, sofern nicht eine Vereinigung körperlicher, geistiger oder seelischer Art gewünscht ist. Denn kaum etwas ist Energie zehrender und Potenzial blockierender als missbräuchliche und verstrickte Beziehungen. Auch deshalb fühlen sich viele so schwach in unserer Gesellschaft.

Die Lemniskate* ist ein sehr schönes, heiliges Symbol, das zeigt, wie wir (Liebes-)Beziehungen idealerweise leben: Jeder lebt und liebt in seiner Hälfte der 8 – jeder ist in sich ganz. Vereinigung findet auf Wunsch beider im Schnittpunkt der Hälften statt.

* **Lemniskate:** Die liegende Acht ist ein kraftvolles, heiliges Symbol. Sie wurde bereits von alten Kulturen wie den Tibetern und den Maya als Doppelspirale abgebildet, welche die Unendlichkeit ausdrücken sollte. Die Lemniskate steht für die immerwährende Entwicklung und den Ausgleich. Und bringt uns in vollkommene Balance und Harmonie…

Persönliches

Auch ich habe subtilen Missbrauch über viele Jahre erlebt. Zunächst unbemerkt – bemerkt hatte ich nur, wie schwach ich mich fühlte und dass ich weder beruflich noch privat in meine Kraft kam. Was wollte das Universum mir sagen? Wenn so etwas geschieht, tragen beide Seiten Verantwortung, beide haben ihre Lernaufgaben darin. Mein Anteil war neben zu lösenden Ahnenmustern meine Gutgläubigkeit und zu große Durchlässigkeit. Es braucht eine „Offenheit" dafür, dass von einem ungefragt genommen wird. Mir fehlte das Gefühl für mich, für meinen Wert und meine (feinstofflichen) Grenzen, was ich durch diese Erfahrungen gründlich lernen durfte. Auch die andere Seite handelte aus dem Mangelbewusstsein: Aus (Macht-)Gier, narzisstischem Anspruchsdenken, mangelndem Wertgefühl und Vertrauen in sich selbst. Missbräuchliche Beziehungen sind immer plutonische Verbindungen: Es geht um Macht, und es wird aus dem Verborgenen agiert. Diejenigen, die seit 2015 am meisten von mir profitiert haben, würden in der Öffentlichkeit leugnen, mich zu kennen.

Es ist so wichtig, Missbräuche zu erkennen, das eigene Thema darin, die damit einhergehenden Verstrickungen in Frieden zu lösen und Grenzen neu zu setzen – um in seine vollständige Kraft zu kommen. Ebenso wichtig ist es, dass wir alle lernen, Energie aus uns selbst zu beziehen und aus der eigenen Fülle und Ganzheit zu leben und zu wirken anstatt anderen bewusst oder unbewusst zu schaden (Achse Stier-Skorpion – geheilt). Wenn die Verstrickungen gelöst sind, kann die volle Kraft zurückkehren und blockierte Energie wieder frei fließen – und sehr viel Raum wird frei im Leben!

Oster-Botschaft (7. April 2020)

Das Alte ist vorbei. Nimm Abschied, liebe Seele! Lasse ungesunde Situationen und geplatzte Träume los, indem du dich neu ausrichtest. Manches kann nicht in dieser Zeit gelebt werden. Manches soll nicht sein. Lasse deine Seele die Führung übernehmen und dein Ego die Seelenimpulse demütig umsetzen.

Nimm nichts ungefragt von anderen – beginne damit, deine Kraft und Energie aus dir selbst zu beziehen. Um aus dieser Eigenständigkeit neu zu beginnen: Neue Beziehungen – von Herz zu Herz. Ein neues Wirken in der Welt. Du wirst gebraucht und göttlich geführt! Die alten Systeme funktionieren nicht mehr, sie lösen sich auf... Ein Umdenken und sich Erneuern sind jetzt gefragt.

Dir wurden Fähigkeiten und Talente geschenkt, um Himmel und Erde auf deine einzigartige Weise zu verbinden. Deine Bestimmung kommt aus dem Innersten, aus deinem Herzen – sie ist leicht, voller Freude, Sinnhaftigkeit und Glück. Beginne damit, DEIN Leben zu leben. Finde deine wahre Bestimmung – für dich persönlich und zum Wohle des Ganzen! Das ist jetzt wichtig.

c) Karma

Es ist eine Art Karma-Strudel, in dem wir uns in diesen Jahren befinden. Wegen der ansteigenden Energien kann sich Altes schneller auf- und ablösen, die Vergangenheit heilen. Weshalb es immer wieder anstrengend und ermüdend sein kann, körperlich, geistig und seelisch. Wir ernten nun verstärkt, was wir gesät haben. Im Positiven wie im Negativen. Ungerechtigkeit und Zufall gibt es nicht, nur Ursache und Wirkung. Was auch immer sich in den letzten Jahren in deinem Leben ereignet hat, es mag ein Ausgleich aus diesem oder vergangenen Leben gewesen sein. Es mag die Folge destruktiver Gedanken- und Gefühlsmuster über viele Jahrzehnte und Leben gewesen sein. Die Ursache liegt auch in dir. Es ist Zeit, aus dem kindlichen Ich, der Opferhaltung auszusteigen und Verantwortung für das eigene Leben zu übernehmen. Halten wir uns nicht mehr selber klein und beginnen damit, die Eigenverantwortung zu lieben – sie macht selbstbestimmt und frei! Dieses Universum ist göttlich, einzigartig und funktioniert wie ein Uhrwerk: Alles wird immer wieder ins Gleichgewicht gebracht. Wir kennen dieses 6. kosmische Gesetz auch unter dem Begriff Karma:

Wir ernten, was wir säen.
Nicht immer in derselben Währung,
jedoch im selben Wert und zum richtigen Zeitpunkt:
Wenn wir bereit und reif genug sind, um daraus zu lernen.

Der Kreislauf des Lebens bringt allen Wesen, Dingen und Ereignissen unbestechliche Gerechtigkeit. Unsere Gedanken, Worte und Handlungen wirken auf die gesamte Schöpfung und ziehen größere Kreise, weit über diese Inkarnation hinaus. Vergebung und Frieden sind die Lösung und der Weg nach Hause.

Lebensaufgabe

Um erneut eine Analogie anzuführen: Die Tarot-Karte 10, das *Rad des Schicksals*, hat mit unseren Lebensaufgaben zu tun. Sie korreliert mit Saturn, dem Herrscher von Steinbock; sie steht auch mit Karma in Verbindung. Diese Karte symbolisiert das Rad der Zeit, das alles, was wir im Leben zu erfüllen haben, zur rechten Zeit hervorbringt und später wieder von uns nimmt. Es ist die unsichtbare Kraft, die uns immer wieder auf unseren Schicksalsweg bringt. Diese Aufgaben haben etwas Unausweichliches. Sie sind wie Mosaiksteine, aus denen im Laufe der Zeit (Saturn) das Bild unseres Lebenswerks entsteht. In 2020 haben sich astrologisch zudem mehrere große Zyklen vollendet. Das Lebensrad hält inne, um sich neu auszurichten... So kann sich manches nun ablösen, was vollbracht ist und der Lebensstrom auf neuen Wegen weiter fließen. Ganz neue Wege werden möglich und wollen eingeschlagen werden. Dieses Buch z. B. war unausweichlich und fällt mit der Vollendung meiner Vergangenheit zusammen. Ein neuer Zyklus kann beginnen.

Gegengleiches Karma

Das Karma manifestiert sich über die mentale zur astralen Ebene bis es sich auf der physischen Ebene verdichtet und falls notwendig das Leiden weiter steigert. Es besteht jedoch die Möglichkeit, gegengleiches Karma zu zeugen, um Vergangenes auszugleichen. Dafür muss die Wirkung der negativen Taten durch gleichwertige, positive Taten aufgehoben und entkräftet werden. Ebenso kann uns Gnade zu teil werden. Gnade bedeutet, dass etwas plötzlich erlöst ist, ohne dass wir etwas dafür tun müssen, ohne Ausgleich leisten zu müssen. Aus meiner Erfahrung wird uns Gnade nur dann zu teil, wenn wir das eigene Lernthema darin verstanden haben und mit Sicherheit in Zukunft anders, im Sinne der kosmischen Gesetzmäßigkeiten handeln werden.

Karma erzeugen wir in jedem Moment. Um positives Karma zu zeugen, kannst du noch heute damit beginnen, liebevolle, fruchtbare Samen in deinem Leben zu säen: Indem du achtsam in deinen Gedanken, Gefühlen und Handlungen bist. Indem du säst, was du ernten möchtest. Indem du in dir eine Gedanken- und Gefühlswelt entwickelst, die dich und andere stärkt. Entsprechendes wird dir im Außen zuteil (Gesetz der Anziehung).

Sinnvoll ist es auch, sich im „kosmischen Gleichgewicht" zu üben: Hier sind wir in neutraler Gelassenheit und innerer Balance, weil wir Herr unseres Astralkörpers (Gefühlskörpers) geworden sind – unser Unterbewusstsein regiert nicht mehr über uns. Mit der Folge, dass uns nichts mehr aus der Ruhe bringt und wir allem etwas Positives abgewinnen können. Auf diese Weise sind wir für negatives Karma resistent, es kann uns nicht mehr beeinflussen. Eine ähnliche Wirkung erzielen wir, wenn wir in unserem Tun eine unpersönliche Haltung einnehmen, ohne etwas zu erwarten, sondern in jedem Moment einfach tun, was zu tun ist. Beide Wege setzen ein hohes Bewusstsein und inneren Frieden voraus.

Viele haben in den letzten 10 Jahren einiges erlebt und durchlitten. Es waren läuternde Jahre, sofern wir bereit waren, ehrlich hinzuschauen. Sofern wir den Mut hatten, tiefer zu blicken und den eigenen Anteil zu erkennen. Das, worum es letzten Endes geht: Den Schleier zu lüften, indem wir bereit sind, hinzuschauen und die Zusammenhänge zu verstehen. Was zugleich eine schöne spirituelle Praxis bei jedem Ärgernis ist:

Worum geht es wirklich?
Was möchte das Universum mir sagen?

123

Gelöstes Karma erkennen wir daran, dass wir liebevoll bis gleichmütig mit der besagten Person/ dem besagten System sind. Es berührt nicht mehr – weder positiv noch negativ. Nichts zieht energetisch mehr dorthin. Es ist nicht mehr von Bedeutung, die innere Haltung ist neutral.

d)Vollendung

Die Heilung der Vergangenheit ist ein grundsätzliches Anliegen des Aufstiegsprozesses. Mit „Altlasten" im Rücken fällt das Fliegen schwer, ebenso ein Neubeginn. Blicken wir zu diesem Thema noch einmal auf die Botschaft aus dem März 2020:

… Strukturen und Konzepte, die den Menschen und Gesellschaften nicht mehr dienen, die nicht im Sinne der göttlichen Ordnung sind, werden zerfallen. Denn bevor Neues entstehen kann, muss sich das Alte vollständig auflösen. …

Lasse die Vergangenheit sich nun friedlich vollenden. Das Erbe des Menschen ist der Neubeginn. Die Zeit ist perfekt. Viele inkarnierte Seelen haben und hatten Verabredungen mit „alten Bekannten" hier auf Erden: Karmische Verstrickungen wollen gelöst, Ahnen- und Familienmuster geheilt werden. Du kannst jetzt mit einem Paukenschlag alles erlösen – es liegt an dir. Sprenge die Begrenzungen in deinem Herzen, und gib alles und alle frei, die dich aufgehalten, gestresst und verletzt haben. Was immer sie dir angetan haben mögen... Verzeihe, was war. Es ist vorbei – wenn du es willst, bist du frei! Doch verlasse auch den Irrtum der Dualität, und segne alle vermeintlichen Widersacher. Schließe wahren Frieden – Frieden im Herzen. Und es wird leichter und leichter...

Um neu zu beginnen, braucht es einen friedlichen Abschluss des Alten – egal ob wir umziehen, den Job wechseln, beim Ende einer Ehe oder Freundschaft. Andernfalls nehmen wir die ungelösten Themen mit und setzen sie unbewusst fort. Um die Vergangenheit abschließen zu können, gilt es loszulassen. Das geht erst dann, wenn wir in Frieden mit dem Vergangenen sind. So kann ich mich erst dann auf eine neue Liebesbeziehung einlassen, wenn ich die letzte Beziehung in Frieden abgeschlossen haben – meinen Teil der Verantwortung übernommen, im Herzen vergeben und ganz losgelassen habe. Im größeren Zusammenhang bedeutet es, dass ich mich erst dann auf einen Menschen einlassen kann, wenn ich in Frieden mit dem Weiblichen und Männlichen bin – wenn ich in mir wieder heil und ganz geworden bin. Da in dieser Zeit alles weichen wird, was nicht mehr stimmig ist in unserem Leben, können wir uns wunderbar im Loslassen üben.

Was möchte sich in deinem Leben vollenden? Was beschwert und behindert?

Und wie sieht es für die Menschheit, für das Kollektiv aus:

Was möchte sich in der Welt vollenden, damit wir Menschen neu beginnen zu können?

Das Erbe der Menschheit ist der Neubeginn im Herzen. Es ist die Angstherrschaft, die Fremdbestimmung, die sich vollenden wollen – die nicht geheilte Vergangenheit der Menschheit. Diese uralte Angst, die in vielen Herzen sitzt und zulässt, dass wir so viel mit uns machen lassen und schweigen, anstatt in unsere wahre Kraft und Stärke zurück zu finden und selbstbestimmt zu leben. Diese Kraft kommt aus dem Herzen und wird bei vielen noch von der Angst blockiert. Die Angstherrschaft wird in dem Moment aufhören, in dem wir Menschen, genauer gesagt eine kritische Masse, in ihr Herz zurückfindet. Die Herz-Kraft ist unglaublich mächtig und stark – es ist die göttliche Liebeskraft, die uns Menschen in die wahre Größe zurückbringen wird.

Herz-Heilung

Die Heilung der Vergangenheit bedeutet letzten Endes die Herz-Heilung. In unserem kosmischen Herz finden wir alles, was wir je erlebt und erfahren haben – hier ist alles Wissen gespeichert... Die Herz-Heilung ist für jeden von uns wesentlich. Und wie heilen wir das Herz?

Indem wir allen verzeihen, die uns verletzt haben. Wenn dein Herz verzeihen kann, beginnt ein neues Leben! Es ist wahrlich eine besondere Zeit, denn die vollständige Klärung und Heilung der Vergangenheit ist möglich. Das ist ein großes Geschenk, ein Wendepunkt im seelischen Leben. So sprenge die Begrenzungen in deinem Herzen und gib alles und alle frei, die dich aufgehalten und verletzt haben. Sie haben dich nur an deine Wunden herangeführt, damit du sie erkennst und heilst. Nimm es nicht mehr persönlich. Verzeihe, was war – und beginne neu!

Mit wem und was auch immer du noch im Konflikt bist –
verzeihe, entlasse jeden aus der Schuld. Schließe Frieden, und lass los!
Dein Herz heilt – und du und dein Geist werden frei...

Manchmal muss eine Liebe sterben, das ist besonders schmerzhaft. Manche wählen eine solche Erfahrung, um wieder in Kontakt mit dem Herzen und den Gefühlen zu kommen, um sich selbst wieder zu fühlen. Den Schmerz zu fühlen und nicht mehr zu verdrängen ist sehr heilsam. Wir kommen uns selbst ein großes Stück näher und blockierte Lebensenergie beginnt wieder zu fließen. Wir werden lebendig... Wisse dabei: Jeder Tod ist nur vorübergehend, selbst der Tod einer Liebe. Wahres ist unvergänglich. Nur die Liebe kann dauerhaft im Herzen wohnen – nicht die Angst und nicht der Tod.

Der Schmerz zerbricht die Schale,
die dein Verständnis umschließt.

(Kahlil Gibran)

Wer die Vergangenheit nicht abschließen kann, wird nicht wirklich voran gehen können. Deshalb drehen wir uns auch im Kollektiv ständig im

126

Kreis. Vielleicht geht es dir ähnlich in deinem Leben: Du/ wir kreieren und erleben immer wieder das gleiche in grün, blau und gelb. Wenn wir tief in der Seele losgelassen haben, was uns gebunden hat, ist das wie eine Neugeburt: Körper und Seele entspannen sich und atmen auf. Der Geist entspannt und öffnet sich... Ein neuer Lebensgeist erwacht! Und ganz neue Wege werden möglich.

Das braucht seine Zeit – es sind seelische, plutonische Wandlungsprozesse, die jetzt viele durchleben. Energiearbeit kann dabei hilfreich sein. Die Seele lässt erst dann los, wenn wir das eigene Lernthema in der Tiefe verstanden und geheilt haben. Wir können in diesen Jahren Wesentliches lernen und loslassen im Sinne des Seelenplans. Und jeder Schritt, jede Stufe und Extra-Schleife waren sinnvoll. Auch ich bin einige Umwege in meinem Leben gegangen – und gehe sie noch heute. Alles ist Weg und macht uns zu dem, der wir sind.

Wenn du nicht sicher bist, ob sich etwas vollenden sollte in deinem Leben oder du dazu neigst, dir etwas vorzumachen – frage dein Herz, wie sich eine Situation, ein Mensch oder eine Beziehung anfühlen. Fühle und spüre in deinen Körper hinein, was wirklich ist.

Deine Gefühle führen dich zu deiner Wahrheit

Enden

Was in diesen Jahren aus dem Leben geht, hat sich (vorerst) erfüllt. Du kannst dir das wie das erwähnte Schicksalsrad vorstellen, das sich fortwährend dreht, Erfülltes (erfüllte Lebensaufgaben) abwirft und immer wieder Neues (neue Lebensaufgaben) für dich hervorbringt. Bis du alles „erledigt" hast. Wenn es nicht so läuft, wie du es dir wünschst, wenn sich Türen nicht öffnen oder schließen, ist das oft ein Zeichen dafür, dass Neues in deinem Leben beginnen will.

Von 2020 bis 2023 befinden wir uns in einer großen Wendepunktzeit. Deshalb schließen sich jetzt manche Türen – Vergangenes, „Erledigtes" verabschieden sich. Wichtig ist, keine Energie mehr in verschlossene Türen zu investieren. Sie führen dich hier und jetzt sicher nicht auf deinen Herzensweg. Schließe Türen behutsam und dankbar für die Erfahrungen, die du gemacht hast. Knall sie nicht zu. Sorge dafür, dass von deiner Seite alles im Ausgleich und in Frieden gelöst ist. Damit du deinen Weg unbeschwert und reinen Gewissens fortsetzen kannst.

Das Herz vollendet und ermöglicht den Neubeginn.

Nicht Stimmiges wird sich somit weiterhin lösen in diesen Jahren. Wahres hingegen findet seinen Weg. Es geht dabei nicht um richtig oder falsch, um gut oder schlecht. Das gilt für sämtliche Themen, die ich in diesem Buch anspreche. Wir machen hier schlicht unsere Erfahrungen auf Erden. Es geht nur noch darum, ob Energien harmonieren und es im Gleichgewicht ist – und deshalb fließt und „funktioniert". Das werden wir in den nächsten Monaten und Jahren immer deutlicher spüren.

Erinnern wir uns: Es braucht Wahrheit und Freiheit ein gelingendes Miteinander – andernfalls sterben Verbindungen. Und es gibt nur unsere Energie, mit der wir anziehen, was uns energetisch entspricht. So tun wir gut daran, wahrhaftig zu sein – und innerlich frei zu werden und Freiheit zu gewähren. Und wir tun gut daran, Verantwortung für die eigene Energie zu übernehmen – sie zu klären, zu pflegen, die Schwingung zu erhöhen und bewusst mit der eigenen Energie umzugehen. Mit der Folge, dass wir Passendes und Wunder um Wunder in unser Leben ziehen! Was sich auf unser gesamtes Umfeld positiv auswirken wird…

Im Kapitel 11b) und 12 findest du Hilfreiches zur Vollendung der Vergangenheit.

Lilith´s Botschaft (Januar 2020) – die letzte der 3 Botschaften:

Deine Vergangenheit ließ dich reifen.
Nun lasse sie ruhen, um deine Reife auszukosten.

Wo auch immer du stehst in deinem Leben –
es ist an der Zeit, einen großen Schritt nach vorne zu machen.

Sei klug, liebe Frau – wähle die Freiheit.
Agiere weise, liebevoll und machtvoll aus dem Herzen!

Diese Botschaft gilt ebenso für den Mann.

10. Neue Wege – für uns

*Die Liebe bewirkt, dass wir uns selbst
nicht mehr im Wege stehen.*

Alles dient dazu, Mutter Erde und uns Menschen zurück in die wahre Ausrichtung zu bringen: In die LIEBE, in die WAHRHEIT und in die FREIHEIT. Viren, Krisen, Naturkatastrophen, Klimawandel… sind lediglich Katalysatoren im Aufstiegsprozess. Was immer wir an Aufgaben erhalten, wir werden ihnen gewachsen sein. Unser blinder Gehorsam und die Passivität, die unser werteverdrehtes System so lange mit aufrechterhalten haben, weichen früher oder später einem neuen Bewusstsein.

Doch was ist jetzt zu tun in einer Welt, die auseinander fällt, um sich neu zu errichten? Was ist zu tun mit den alten Geistern, dem plutonischen Schattenland, den verletzten Herzen, den unzähligen geistigen und seelischen Wunden… Wir Menschen wollen auf allen Ebenen heilen. Und den Heiler dafür tragen wir in uns:

Das Licht und die Liebe in unserem Herzen! Es wird alles erlösen, was uns noch im Alten festhält. Einen anderen Weg gibt es nicht, auch wenn dieser Weg von vielen nicht ernst genommen oder belächelt wird.

Unsere tiefste Angst ist nicht, dass wir unzulänglich sind.
Unsere tiefste Angst ist, dass wir grenzenlose Macht in uns haben.

Es ist unser Licht, vor dem wir uns am meisten fürchten,
und nicht unsere Dunkelheit.

Wer bin ich schon, fragen wir uns,
dass ich schön, talentiert und fabelhaft sein soll?
Aber ich frage Dich, wer bist Du, es nicht zu sein?

Du bist ein Kind Gottes!

Dich kleiner zu machen, dient unserer Welt nicht.

Es ist nichts Erleuchtendes dabei,
sich zurückzuziehen und zu schrumpfen,
damit andere Leute nicht unsicher werden,
wenn sie in Deiner Nähe sind.

Wir wurden geboren, um die Herrlichkeit Gottes,
die in uns ist, zu offenbaren.

Sie ist nicht nur in Einigen von uns,
sie ist in Jedem von uns.

Wenn wir unser eigenes Licht strahlen lassen,
geben wir unterbewusst unseren Mitmenschen
die Erlaubnis, dasselbe zu tun.

(Nelson Mandela)

Damit ist eigentlich alles gesagt.

Entzünde das Licht in deinem Herzen –
es wird alles in dir entzünden, lebendig machen und befreien.
Es wird alles um dich herum entzünden, lebendig machen und befreien!

So frage ich mich seit vielen Jahren: Wo sind all die leuchtenden, starken und erwachten Herzen? Wo ist das Feuer der Liebe in uns, das alles in uns und um uns herum lebendig macht und befreit!? Warum unterwirft sich die gesamte Welt einem winzigen Virus und all den Regelungen drum herum? Warum regieren noch immer die Angst und entscheiden diejenigen, die am Hebel sitzen und machen, was sie wollen? Der alte, konditionierte Geist hält noch viele in der Angst und Anpassung gefangen. Die nicht geheilte Vergangenheit, die nicht geheilten Herzen jedes Einzelnen, unseres Landes und der Menschheit führen zu diesem Mangel an Kraft und Stärke, um sich aus dem Alten zu erheben. Die Energien sind gebunden, der freie Energiefluss ist blockiert. Da es weiterhin neue Viren und Mutanten geben und das Impfen die Viren nicht aufhalten wird, blicken wir noch einmal mit einem freien Geist auf die gegenwärtige Situation:

Was macht ein Virus?

Wenn wir eine Virus-Grippe haben, werden wir gezwungen, innezuhalten und unser Körper-Energie-System wieder ins Gleichgewicht zu bringen. Wir haben die Chance, zu heilen, zu gesunden, uns zu erneuern. Es ist ein sinnvoller, natürlicher Heilungsprozess. Viren, so auch das Corona- und das narzisstische Virus, sind ein Ausdruck des stark gestörten Gleichgewichts auf Erden. Gleiches gilt für die zunehmenden Naturkatastrophen. Gleiches gilt für die Verwirrung um die geschlechtliche Identität: Für mich gibt es nur zwei Geschlechter – weiblich und männlich, die natürlichen Urkräfte Yin und Yang, die alles durchwirken. Das Drama drum herum, inklusive Gender-Wahnsinn und genderisierte Sprachverstümmelung werden von denen diktiert, die am Hebel sitzen – und sind ebenso wie die Viren allesamt Auswüchse des plutonischen Schattenlandes.

Das Ziel des Göttlichen ist immer die Liebe und damit das Leben. Das Ziel mancher Menschen und Machtinhaber jedoch ist es, weiterhin Kontrolle über die Menschen zu haben, aus der eigenen Angst heraus. Wie schon seit Jahrtausenden, es hat noch immer kein Ende gefunden. Dabei ist fast egal, wer im Verborgen agiert – „Corona" sehe ich als eine Chance, diese fremdbestimmte Vergangenheit und Angstherrschaft endlich hinter uns zu lassen und als Menschheit wieder in die wahre Kraft und Stärke zurück zu finden.

Und wie heilen und gesunden wir Menschen?

Indem wir unsere verletzten Gefühle, unser Herz heilen – und auf diese Weise in die Liebe und Göttlichkeit zurückfinden. Mit der Folge, dass kein Virus der Welt uns etwas anhaben kann und wir Menschen auf eine neue Weise in Beziehung treten – mit uns selbst, mit anderen und mit Mutter Erde.

So gibt es meines Erachtens drei Schlüssel für die Transformation unserer Welt:

Heilungsschlüssel

1. Die **Heilung des plutonischen Schattenlandes** – damit einhergehend:

2. Die **Herz-Heilung und -Öffnung.**

3. Die **bedingungslose Liebe.**

Mit der natürlichen Folge des Erwachens der Menschheit und des Aufblühens allen Lebens!

Die drei Punkte hängen miteinander zusammen – das eine geht nicht ohne das andere. Der große Bewusstseinswandel, der in den letzten 10 Jahren eine rasante Entwicklung erlebt hat, bringt einen Trend zur Liebe mit sich. Spiritualität und das Herz sind „in". Tatsächlich – Liebe heilt und wandelt alles, was sie berührt. Die wahre, bedingungslose Liebe. Wenn Liebe jedoch dem plutonischen Schattenland und damit dem Ego entspringt – beispielsweise dem Bedürfnis nach Macht und Anerkennung oder dem Bedürfnis, gesehen und geliebt zu werden, kurzum: wenn sie dem Mangel entspringt –, dann ist es eine bedürftige Liebe, die in erster Linie nehmen und haben will anstatt zu geben und zu heilen. Das ist weit verbreitet und trägt weder zur Heilung des Planeten Erde noch zu nachhaltigen Lösungen bei.

Wahre Liebe ist sehr klar, frei und bedingungslos. Sie ist mutig und kraftvoll und nicht an persönlichem Vorteil interessiert. Eine solche Liebe heilt und wandelt alles, was sie berührt. Werfen wir einen Blick zurück in die Geschichte: Große Missstände wurden in der Vergangenheit immer wieder durch mutige, charismatische und integre Menschen behoben, die kraftvoll und friedlich aufgestanden sind und die Stimme erhoben haben: Für die Liebe, für den Frieden und für die Freiheit. Denken wir an Mahatma Gandhi, Nelson Mandela, Mutter Teresa... Diese Menschen brauchen wir jetzt!

Doch wo sind diese Stimmen in unserer Gesellschaft, die auch wahrgenommen werden?

Wo sind die intelligenten Schriftsteller, Musiker, Journalisten, Juristen, Politiker, Künstler, spirituelle Lehrer und Influencer unterschiedlicher Art – mit Tausenden von Followern, die so viele Menschen erreichen könnten? Die Einfluss und Verbindungen haben. Ich vermisse euch… Mir fehlt Rückgrat und Mut in unserer Gesellschaft. Es gab im Frühling zaghafte Stimmen mit guten Ansätzen hier in Deutschland, die schnell verstummten. Die Frage ist:

Was machen wir mit unserer Macht? Wofür nutzen wir unseren Einfluss, den Reichtum und die Verbindungen?

Die Antwort zeigt auf, welchem Geist unsere Macht entspringt.

Was würde die Liebe tun?

Eine der wichtigsten Fragen, auch in der aktuellen Krise.

Die LIEBE durchleuchtet und sieht; sie steht auf und erhebt friedlich die Stimme. Die ANGST schaut weg und bleibt sitzen. Sie hält den Mund, trägt Maske – und lässt sich impfen...

Mir ist bewusst, wie angreifbar ich mich mit diesen Äußerungen und mit meinem Buch mache. Doch es ist so wohltuend, echt und sich selbst treu zu sein. Davon brauchen wir für mein Empfinden viel mehr Menschen – an der Unwahrhaftigkeit krankt die ganze Welt.

Ich glaube an die Kraft der Wahrheit und an die Macht der Liebe – und an alles, was dem Herzen und einer reinen Absicht entspringt. Und ich glaube an uns Menschen! Deshalb bin ich geduldig und habe Verständnis dafür, dass wir alle anders umgehen mit der kritischen Situation auf Erden. Auch wenn es anders wirken sollte – ich habe einen toleranten Geist: Jeder kann bei mir leben und lieben wie er möchte, sofern er die Grenzen seiner Mitmenschen und die Grenzen der Natur wahrt. Ich verurteile niemanden, sondern möchte einen neuen Blick ermöglichen.

Und daran erinnern, dass unsere Seelen frei werden wollen – deine und meine.

Das Herz durchleuchtet und sieht.
Es lässt los und verzeiht,
es erweckt und befreit.

Das Herz vollendet und ermöglicht den Neubeginn.

11. Licht

Was du mit Liebe berührst, das wird zu GOLD!

Wo viel Schatten, da ist auch viel Licht. Das ist die gute Nachricht. Noch scheint der Schatten zu überwiegen in unserer Welt, weshalb viele die wahre Schönheit und den wahren Reichtum des Menschen und des Planeten Erde nicht wahrnehmen können. Viele laufen noch in ihrem Hamsterrad – dabei befinden wir uns in einem Tunnel aus Gold, der uns ins Licht führen wird… So sind die einen am Anfang des Tunnels, andere sind mittendrin, wieder andere kurz vorm Ausgang – und manche sind erwacht und verkörpern bereits ihr Licht auf Erden. Niemand ist besser oder schlechter. Licht und Schatten sind gleichwertig. Jeder Mensch ist gleichwertig – ob er sein Potenzial lebt oder nicht. Wir leben (noch) im Irrtum der Dualität auf Erden, um im „Falschen" das „Richtige" zu finden. Wer in 3D in den Reichtum finden möchte, muss zunächst den Mangel erfahren. In 5D ist das nicht mehr nötig – dort erfahren und leben wir den reichen Segen, der wir in Wahrheit sind.

Wir brauchen den Schatten, um das Licht zu erkennen und wählen zu können. Wir brauchen das Licht, um den Schatten zu erkennen und ihn zu transformieren.

Dieses Licht ist einfach zu finden – es ist in dir, in deinem Herzen! Doch seit geraumer Zeit suchen und suchen wir Menschen im Außen danach: In Erfolgen, im Vermögen, in der Liebesbeziehung, in der Sexualität, im eigenen Haus, im Hund… Nicht, dass all das nicht wundervoll wäre. Mit dem alten „Mangel-Geist" ist es jedoch *Nie genug* – und wir sind stets abhängig von Äußerem.

Uns wurde eingeredet, dass Gott/ das Göttliche außerhalb von uns wäre und dass wir schuldig geboren sind – das ist der alte, patriarchale Geist. Doch wir sind göttlich geboren, weiß der erwachte, freie Geist. Da unterliegen noch viele einem Irrtum, und genau dieser Irrtum, diese Illusion hält den patriarchalen Geist am Leben. Das Unterbewusstsein ist mächtig und lässt die Masse deshalb immer wieder klein und wie Schuldige agieren. Was wir spätestens an der Reaktion der Menschheit auf die Corona-Krise weltweit beobachten konnten. Letzten Endes ist es ein großer Desillusionierungsprozess, in dem wir uns befinden. Dabei geht es schlicht um die Erkenntnis, dass wir Menschen nicht von der Quelle getrennt, sondern das LICHT selbst sind! Und LICHT braucht sicher keine Impfung – es muss weder Viren noch den Schatten noch die alten Geister fürchten… Es transformiert sie alle ins LICHT – ohne Anstrengung.

a) Liebe

Die LIEBE ist das Thema meines Lebens – und das Thema der Menschheit. Liebe ist die Essenz allen Lebens, die stärkste Kraft im Universum. Nichts ist wichtiger für uns Menschen, als in die Liebe zurück zu finden. Und die Heimat der Liebe und des göttlichen Lichts in dir ist dein HERZ!

Wahre Liebe ist frei und bedingungslos. Sie macht frei und lässt frei.
Sie fließt und möchte sich ausdehnen…
und meistens ist sie leise.

Herzkraft

Weil die Herz-Heilung ein so wichtiges Thema für uns Menschen ist – steht sie doch für die Heilung der Vergangenheit –, hole ich hier etwas aus. Wenn ich vom Herzen schreibe, meine ich nicht dein physisches, sondern dein kosmisches Herz, das mit der Seele und dem Kosmos verbunden ist. Ich meine den heiligen Raum in deinem Brustkorb – ein kleines-großes Universum, in dem alles über dich gespeichert ist. Dort findest du deine Seelenverträge, deinen Lebensplan und alles, was du erlebt hast in diesem und in früheren Leben.

In deinem Herzen ist alles Wissen gespeichert, hier bist du mit allen Dimensionen verbunden!

Es ist zugleich ein hochsensitiver Sensor, der alles wahrnimmt. Dein Herz weiß somit sehr viel – es ist sehr intelligent, erkennt Wahrheit in Sekundenschnelle und das, was für dich stimmig ist. Dein Herz ist dein bester Freund und weisester Lehrer. Zudem ist es ein höchst kreatives Schöpfungszentrum, weil es mit dem Galaktischen Zentrum* verbunden ist. Wie oben, so unten. Dein Herz ist wahrlich ein Wunderwerk!

*Galaktisches Zentrum:** Das Galaktische Zentrum ist eine Ballung dicht liegender Sterne in der Mitte der Galaxien. Unglaublich weit entfernt von uns (26.000 Lichtjahre). Der Punkt in der Milchstraße, wo alle Sonnensysteme durch die Schwerkraft zusammen geknotet sind. Im Galaktischen Zentrum schlägt das Herz des Universums – in alle Welten hinein… Und gibt von dort die göttlichen Licht- und Liebesimpulse ab, die uns unentwegt den Weg weisen wollen. Das GZ ist ein riesiges Schöpfungszentrum mit äußerst hohen Licht- und Liebesfrequenzen. Hier finden mächtige Transformationsprozesse statt – im sog. Schwarzen Loch, dem Kern des Galaktischen Zentrums. Das GZ ist wie ein stetiger Impulsgeber, der jene Themen initiiert, die kollektiv und individuell bedeutsam und dran sind. Es ist zudem ein Durchgangstor zu anderen Galaxien, es ist mit allen Dimensionen verbunden… Alles Wissen ist hier aus allen Ebenen zugänglich. Und dieses pulsierende Herz des Universums korreliert mit unserem Herz-Chakra! Wie oben, so unten. Wie außen, so innen. Wir können uns über unser Herz direkt mit dem Galaktischen Zentrum verbinden… In der astrologischen

Deutung ist das GZ ein hochkreatives Zentrum, das für Verwandlung, Erlösung, Reinigung und Heilung steht.

Das Herz ist die Quelle der Liebe – sie ist das größte Potenzial und die größte Kraft der Menschheit. Somit auch dein größtes Potenzial, deine größte Kraft! Wenn du mit deiner HERZKRAFT verbunden bist, findest du in deine wahre Macht und Stärke… Ich wünschte, jeder Politiker und Machtinhaber wüsste das und wäre mit seiner Herzkraft verbunden! Du kannst dich jederzeit in dein Herz zurückziehen, dich einfach wohlfühlen oder nach wichtigen Antworten suchen. Wenn du deinem Herzen erlaubst, sich zu öffnen, kannst du die Liebe fühlen, die immer durch dich fließt und um dich herum ist. Diese Liebe möchte sich ausdehnen und in größere Kreisläufe hineinfließen…

Du bist auf Erden, um zu lieben und geliebt zu werden.
Nur deshalb bist du hier.

Es kann sein, dass dein Herz sich aufgrund von Verletzungen und schmerzhaften Erfahrungen verschlossen hat, sich somit schützt oder sogar dicht gemacht hat. Jedoch sehnt es sich danach, zu lieben, geliebt zu werden und sich zu verbinden. Dein Herz möchte dich daran erinnern, wie lebendig es ist, es möchte wieder belebt werden – von dir! Niemand sonst kann das für dich tun. Es braucht DEINE innere Öffnung, um die Schönheit deines Wesens, des Lebens und der Liebe zu erkennen und zu erfahren. DU entscheidest, ob und wann du bereit bist für die Liebe – niemand sonst. Deine Herz-Öffnung und -Heilung gehören zum Sinnvollsten und Schönsten, was du in diesen herausfordernden Zeiten beitragen kannst. Denn allein die Herzkraft vermag der Menschheit und Mutter Erde Heilung zu bringen.

Um dein Herz (weiter) zu öffnen, habe ich einen wundervollen Schlüssel für dich, den ich jedem meiner Klienten mitgebe:

Folge der Freude…

Sie ist der schnellste Weg zurück in deine Göttlichkeit –
und deine Spur ins private und berufliche Glück!

Nichts bringt dich schneller zurück in deine Göttlichkeit – in das Licht, das du bist. Wenn du tust, was dich beglückt und dich mit Menschen umgibst, mit denen es Freude macht, zusammen zu sein, wirst du automatisch in der Liebe landen. Denn wo die Freude ist, da ist immer auch die Liebe…

Herz-Öffnung

Dein Herz und das Herz der Erde möchten höher schlagen, die Herzkammern lüften und weit öffnen – und beide Herzen möchten sich verbinden! Viele sind getrennt vom eigenen Herzen und vom Herzen der Erde, weshalb Mensch und Erde weinen… Ich vermute, auch du möchtest wieder aus dem Herzen leben und dich mit der Natur und Mutter Erde verbinden. Dann werden wir auch wieder die natürlichen Grenzen erkennen, ebenso die Naturgesetze, die alle künstlichen, unverhältnismäßigen bis lebensfeindlichen Regeln in Frage stellen. Für die meisten von uns ist das ein Entwicklungsweg. Denn sehr viele tragen noch Schmerz, Angst und Resignation in ihrem Herzen aufgrund alter Verletzungen und Wunden aus diesem oder vergangenen Leben. Weshalb sie das eigene und die Herzen anderer weder fühlen noch verstehen können.

Ich öffne euch die Türen,
durch die ihr in lichte Reiche eintreten werdet,
die weder beschrieben noch erklärt werden können;
außer mit der Sprache des Herzens.

(Jesus Sananda)

In dem Fall gilt es, eine Heldenreise wie im Märchen zurückzulegen. Mit dem Ziel, das Königreich im eigenen Herzen wieder zu finden. In deinem Geburtshoroskop korreliert die Sonne mit deinem Herzen. Dein Sternzeichen (die Sonne) zeigt dir deinen Herzensweg, den Weg der Erfüllung und Selbstverwirklichung und deine zentrale Lebensaufgabe, um dein inneres Licht auf Erden zu verkörpern. Bis es soweit ist, hast du wahrscheinlich noch Verabredungen mit „alten Bekannten" hier auf Erden. Das ist häufig so bei Seelen, die in dieser Zeit inkarniert sind. Mit „alten Bekannten" meine ich vertraute Seelen, mit denen dich eine schwierige oder schöne Vergangenheit verbindet. Meistens läuft es so ab, dass wir uns als Seele eine bestimmte Erfahrung oder Mission aussuchen. Häufig sind es zahlreiche Erfahrungen, die miteinander verknüpft sind. Um diese zu durchleben, wählt die Seele bestimmte Erlebnisse – oft auch solche, die sich auf irdischer Ebene sehr schmerzhaft anfühlen. Dazu wählt sie passende Seelen, die dabei helfen, diese Lernerfahrungen zu machen. Die meisten und größten Verletzungen des Herzens entstehen durch und mit Menschen. Verletzungen entstehen auch deshalb, weil wir uns mit Menschen umgeben, die nicht zu uns passen. Es ist wichtig, die Menschen seines näheren Umfeldes sorgfältig auszuwählen, damit wir uns entfalten können.

Bevor du nach einer schmerzhaften zwischenmenschlichen Erfahrung dein Herz verschließt und in die weit verbreitete Opferrolle fällst, versuche stattdessen, eine erhöhte Wahrnehmung einzunehmen und frage dich:

Warum habe ich mir diese Erfahrung kreiert?

Kenne ich diese Erfahrung – gibt es einen roten Faden ähnlicher Erfahrungen in meinem Leben?

Du bist der Schöpfer deines Lebens! Alles, was du in deinem Leben vorfindest, hast du aufgrund deiner Entscheidungen, die du bewusst oder unbewusst getroffen hast, selbst kreiert. Entscheidungen treffen wir in jedem Moment – aus Angst oder Liebe. Wenn wir Leid und Schmerz kreieren, entscheiden wir aus Angst und wiederholen oft Altes, um es zu heilen. Dann haben wir in der Vergangenheit/ früheren Leben meist Ähnliches erfahren – wir machen da weiter, wo wir aufgehört haben.

Herz-Heilung

Wir heilen unser Herz, indem wir damit beginnen, hinzuschauen. Anstatt sich abzulenken, den Schmerz zu verdrängen und vor sich selbst und anderen wegzulaufen ist es sinnvoller, den Schmerz anzunehmen, ihn zu fühlen – und dabei mitfühlend mit sich und seinen Mitmenschen zu sein. Die Mittel zur Transformation sind LIEBE und MITGEFÜHL – sie besitzen die größten Heilkräfte und sind das, was auch dein inneres Kind am meisten von dir ersehnt. Liebe und Mitgefühl sind von einer sehr hohen Schwingungsfrequenz, weshalb sie niedriger schwingende Energien wie Wut, Schmerz, Trauer, Angst, Scham, Ärger etc. transformieren. Eine solche spirituelle Praxis heilt und öffnet dein Herz!

Höher Schwingendes transformiert niedriger Schwingendes.

So ist es klug, seine Begleiter im Leben bewusst auszuwählen – seien es Liebespartner, berufliche Partner, Freunde, Lehrer, Coaches, Astrologen, Psychologen etc. Wachsen und gedeihen wirst du vor allem in höher schwingender Energie. Sonst bleibt alles beim Alten oder es raubt dir Energie. Was mit der Voraussetzung für wahre Veränderungen einhergeht: Echte Veränderung kann nur dann stattfinden, wenn wir die eigene Schwingungsfrequenz erhöhen, wenn wir damit beginnen, lichter (höher schwingend) zu denken, zu fühlen und zu sein.

Was würde die Liebe tun?

Wir hatten diese Frage bereits. Für mich ist sie die ultimative Entscheidungsfrage für alles! Blicke auf deine zurzeit größte Herausforderung: Was würde die Liebe tun in deiner Situation? Spüre in dein Herz hinein – und lass dich überraschen…

Liebe lässt los

Liebe lässt Menschen in ihrer Eigenart sein und schenkt sich selbst und anderen Raum, um sich zu entfalten. Auf eine Weise, wie es der wahren Liebe entspricht: Frei und bedingungslos. Liebe lässt los. Damit führt Liebe immer in die Freiheit. In die wahre, innere Freiheit, die sich aus allem Plutonischen gelöst hat. Liebe und Freiheit gehören untrennbar zusammen, das eine geht nicht ohne das andere (Venus = Rückseite von Uranus). Und jetzt geht es in die (Liebes-)Beziehungen der Neuzeit! Hier sind wir uns des eigenen Wertes bewusst und in unserer Herzkraft angekommen – und können uns aus dieser Fülle und Ganzheit auf eine neue Weise verbinden. Das ist eine große LIEBESMACHT, die das Leben feiert, sich hingibt und nicht besitzen will. Was meinst du, was dann geschehen würde? Der Aufstiegsprozess würde sich rasant beschleunigen – und alte Geister und neue Viren werden bedeutungslos.

Ich meine, es müsste einmal ein sehr großer Schmerz über die Menschen kommen, wenn sie erkennen, dass sie sich nicht geliebt haben, wie sie sich hätten lieben können.

(Christian Morgenstern)

b) Frieden

Wir alle haben viel erlebt in den vergangenen 10 Jahren. Verluste, Verletzungen, Trennungen und Wunderschönes. So war es auch bei mir. Die wichtigste und heilsamste Lektion für mich war es, mir selbst und anderen zu verzeihen. Vergangenes friedlich zu beschließen. Gütig mit den eigenen Schwächen und denen der anderen umzugehen. Und mein Humor. Auf diese Weise heilen wir unser Herz und unsere verletzten Gefühle – und finden zurück in die Liebe und in den Frieden. Heute kann ich sagen, dass ich mit allem und jedem im Frieden bin. Dabei musste ich lernen, Grenzen zu setzen. Verzeihen heißt nicht gut heißen. Im Rahmen der Herz-Heilung durfte ich auch mit dem Männlichen und Weiblichen Frieden schließen, einschließlich meiner Eltern. Das ist notwendig – für das Gleichgewicht in uns und auf Erden. Dieser Frieden mit der Vergangenheit ist wichtig für jeden von uns, ebenso für die Menschheit, damit die blockierten Energien wieder frei fließen können. Und unser größter Lehrer ist die Liebe:

Jedesmal, wenn ein Mensch seine Verletzungen loslässt
und sich selbst und anderen vergibt, stehe ich an seiner Seite.

Ich bin derjenige, der sich mit ihm
vor dem unsichtbaren Gott verneigt.

Du musst deine eigene Fehlbarkeit erkennen,
so wie ich gezwungen war, meine zu erkennen.

Indem du Regeln aufstellst, erstickst oder verleugnest du die Liebe.

Doch niemand ist so groß wie die Liebe, weder du, noch ich.
Und es ist die Liebe, vor der wir beide uns verneigen müssen.

(Jesus Sananda)

Frieden ist neben der Freiheit und Wahrheit ein Aspekt der Liebe – und unabdingbare Voraussetzung, um die Vergangenheit zu vollenden. Frieden ist tatsächlich die Lösung für alles! Was immer bei dir grad ansteht: Beginne damit, Frieden zu schließen. Und dann setze fort… Friede im Herzen hat darüber hinaus wundervolle Begleiterscheinungen:

- Frieden entspannt
- Frieden öffnet
- Frieden befreit
- Frieden lässt los
- Frieden löst Verstrickungen
- Frieden macht glücklich
- Frieden erleichtert
- Frieden bringt ins Gleichgewicht
- Frieden erzeugt Harmonie
- Frieden macht gelassen
- Frieden macht heiter
- Frieden schenkt Vertrauen
- Frieden bringt dich in Kontakt mit dir
- Frieden verbindet

FRIEDE und LIEBE sind deine Glücksschlüssel.

Wenn wir ganz im Frieden und in der Liebe sind, dann Halleluja! Wegen des patriarchalen Geistes, der noch fast alles und jeden durchwirkt, haben wir jedoch mehr Konflikte als Frieden, mehr Schatten als Licht auf Erden. Doch dafür gibt es eine einfache Lösung:

Der Frieden der Geschlechter erlöst den patriarchalen Geist –
und die ganze Welt!

Und was brauchen wir dafür? Unser Herz und die Bereitschaft, zu verzeihen…

Harmonie der Energien

Somit gehört zum wahren Frieden DAS Thema dieser Zeit: Der Frieden mit dem Weiblichen und Männlichen – in uns, im Miteinander und in der Welt. Dieser Friede der Geschlechter führt zur Heilung der Vergangenheit: Zur Erlösung des patriarchalen Geistes und der ganzen Welt!

Aufgrund der komplexen Menschheitsgeschichte und/ oder schmerzhafter Erfahrungen im Familiensystem sind viele Frauen und Männer jedoch noch im Konflikt mit dem Weiblichen und Männlichen. Im Außen und Innen, denn unabhängig vom Geschlecht tragen wir sowohl weibliche als auch männliche Anteile in uns. Es gilt, diese zu heilen und miteinander zu versöhnen. Das meint die *Ganzheit in sich selbst*. Wir sehen es auch an der Verwirrung über die geschlechtliche Identität: Frau und Mann sind vor allem im Konflikt mit sich selbst und verwirrt… Das wiederum spiegelt sich natürlicherweise in den Konflikten und dem Chaos in der Welt wider.

Die Heilung der Weiblichkeit und Männlichkeit ist für Frau und mann von großer Bedeutung. Wir dürfen in unser ursprünglich göttlich-weibliches, göttlich-männliches Potenzial zurückfinden, was enorme Kräfte freisetzen wird. Eben diese Kräfte einer geheilten, versöhnten Weiblichkeit und Männlichkeit brauchen wir dringend auf der Erde. Jede Begegnung mit einem Mann oder einer Frau schenkt dir Informationen über deine Beziehung zum eigenen und anderen Geschlecht. Auch und vor allem die Beziehung zur eigenen Tochter, zum eigenen Sohn, zum Liebespartner und zu den Eltern. Was wir am eigenen Kind am meisten ablehnen, könnte ein nicht gelebter Anteil von uns selbst sein.

Versöhnung

Doch wie finden wir Frieden?

Indem wir allen verzeihen, die uns verletzt haben – auch uns selbst. Dann wird es friedlich im Herzen – das Herz heilt und der Geist wird frei! Du kannst sicher sein: Ein Nicht-Vergeben möchte das Herz nie, weil du dadurch negativ mit dem anderen und der Vergangenheit verbunden bleibst – wie mit einem energetischen Lasso, das permanent Energie saugt. Da das Herz reine Liebe ist, kann es leicht verzeihen und loslassen. Wenn uns Vergebung schwer fällt, liegt es daran, dass unser Herz verschlossen ist und wir im Ego sind. Vor allem die Menschen, die uns am meisten verletzt haben, bei denen uns Vergebung besonders schwer fällt, unterstützen uns am besten in der Herz-Heilung.

Und wann immer dir der Friede angeboten wird – nimm ihn an!

Innere Friedensarbeit heißt: Kennen lernen der eigenen Schatten.
Allein sie ans Licht zu holen, ist Heilung.

Je mehr ich sie in mir erkenne,
umso weniger werde ich sie im Äußeren bekämpfen und verurteilen.

Wenn ich im Innern entdecke, was zu tun ist,
wird die Wirksamkeit im Äußeren sprunghaft steigen.

Durch das Hineinfühlen in die andere Person
findet eine Erweiterung der Perspektive statt,
eine Weitung meiner Anteilnahme:
Ein Weg zur eigenen Fähigkeit zu lieben.

(Dolores Richter)

c) Beziehungen der Neuzeit

Das Erbe des Menschen ist der Neubeginn, das gilt auch für Beziehungen und unser Liebesleben, diese möchten sich auf eine neue Ebene erheben. Da wir Menschen Hüter und Mitgestalter der Erde sind, halte ich den Neubeginn in der Beziehung zu sich selbst und im Miteinander für die Basis des großen Wandels. Er fängt bei jedem von uns an: Was wir in uns und im Miteinander heilen, wirkt sich auch heilsam zum Wohle des Ganzen aus. Krieg in uns und im Miteinander schafft Krieg in der Welt.

Noch leben viele Menschen in abhängigen, bedürftigen bis verstrickten Beziehungen – und in mangelnder Liebe und Wertschätzung zu sich selbst. Sie brauchen einen Liebespartner, um sich wertvoll und geliebt zu fühlen. Sie brauchen einen Arbeit- oder Auftraggeber, weil sie nicht an den eigenen Reichtum und die eigene Wirkkraft und Stärke glauben. Grund dafür sind häufig der mangelnde Selbstwert, die fehlende Selbstliebe und Ganzheit – damit einhergehend die nicht geheilten inneren Kind-Anteile. Es ist die nicht geheilte Vergangenheit, die das wahre menschliche Lebens- und Liebespotenzial bis heute blockiert!

Neue Partner

Ein bedeutendes Thema in dem Zusammenhang sind die karmischen (Liebes-)Beziehungen, die Seelenpartner und Seelenlieben. Hier treffen wir vertraute Seelen wieder, um Vergangenes fortzusetzen, zu heilen und zu vollenden. Oder um auf einer höheren Ebene gemeinsam weiter zu gehen – das hängt vom Bewusstsein und dem Seelenplan der Beteiligten ab. In diesen Beziehungen lernen wir sehr viel – sie dienen als Katalysator auf unserem Entwicklungsweg. Doch ob seelische, karmische oder "normale" Verbindungen – Lernpartner sind wir alle füreinander und dürfen uns im Spiegel des Gegenübers erkennen. Letzten Endes ist entscheidend, wie wir uns mit jemandem fühlen. Für jeden von uns geht es darum, wieder heil und ganz zu werden. Selbstbestimmt und innerlich frei zu werden – um sich aus der eigenen

Fülle und Ganzheit auf eine neue Weise zu verbinden und in die wahre Liebe zurück zu finden. Das ist der Neubeginn in Beziehungen!

„Es ist wunderlich mit der Liebe:
Sie vermag, was alle Bildung, aller Intellekt, alle Kritik
nicht vermag. Sie verbindet das fernste, stellt das
Älteste und Neueste nebeneinander.

Sie überwindet die Zeit, indem sie alles aufs eigene Zentrum bezieht.
Sie allein gibt Sicherheit, sie allein hat recht,
weil sie nicht recht haben will."

(Hermann Hesse)

Ganzheit

Dein ursprünglicher Zustand ist Frieden und Liebe. Unendliches ewiges Sein. Dafür müssen die weiblichen und männlichen Anteile in dir geheilt und miteinander versöhnt sein. Mit der natürlichen Folge von Balance, Harmonie und Wohlstand – im Innen und Außen. Die Zeit, in der eine Hälfte die andere Hälfte gesucht hat, findet ein Ende – eine neue Entwicklung beginnt: Zurück in die Ganzheit in sich selbst. Zurück ins Gleichgewicht und in gleichwertige Beziehungen auf Augenhöhe. Diese Entwicklung ist eine der wesentlichen Anliegen des Aufstiegsprozesses und ein wertvoller Beitrag, den jeder von uns einbringen kann. Somit gilt es, sich seiner weiblichen und männlichen Seite bewusst zu werden, sie in Heilung und Frieden zu bringen. Um auf diese Weise in die Ganzheit, ins Eins-Sein zurück zu finden. Denn wenn wir heil und ganz in uns selbst sind, werden Beziehungen und Partnerschaften auf einer neuen Ebene möglich – und Vieles wird leichter.

Neue Weiblichkeit

Die Neue Frau wird jetzt geboren!

Sie ist stark, sie ist verletzlich.
Sie ist sanft und kraftvoll zugleich.
Sie ist wissend und weise.
Sie ist Liebe.

Die Neue Frau ist mit ihrem wahren Wesen,
mit ihrer urweiblichen Intelligenz verbunden,
aus der sie lebt, liebt und tief in sich ruht.
Sie hat sich auf den Weg gemacht,
den weiblichen Schmerzkörper zu heilen –
in sich selbst und im Kollektiv.

Die Neue Frau ist geboren!

Noch sind viele Frauen in ihrem Innersten verwundet und verletzt – oft ohne es zu wissen. Sie tragen Schmerz in ihrem Herzen und im Schoßraum. Innere weibliche und männliche Anteile sind nicht geheilt, weshalb die Lebensenergie und das göttlich-weibliche Potenzial blockiert sind und wahre Liebe nicht gelebt werden kann. Der Schmerz ist oft alt, aus Inkarnationen weit über diese hinaus. Kaum eine Frau ist in ihrer wahren weiblichen Kraft, kaum ein Mann ist in seiner wahren männlichen Kraft. Wenige sind sich dessen bewusst.

Wir Frauen haben im großen Bewusstseinswandel eine wichtige Aufgabe: Mit unserer geheilten göttlich-weiblichen Energie, mit unserer Liebe, tragen wir wesentlich zur Heilung des Planeten Erde und des menschlichen Miteinanders bei. Darüber hinaus wird die geheilte weibliche Energie dringend in Unternehmen, Politik, Wirtschaft, Wissenschaft etc. benötigt. In den vielen kranken Systemen, in denen die toxisch-männliche Energie noch dominiert. Die toxisch-weibliche Energie zeigt sich unter anderem in unterdrückter oder passiv gelebter Wut, in Neid, Eifersucht, Missgunst, (Selbst-)Abwertung, emotionaler Kälte und Radikalität, im sich Verbünden, in schwankenden Emotionen bis hin zur Launenhaftigkeit. Tiefes plutonisches Schattenland, das noch unbewusst wirken kann.

Neue Männlichkeit

Die männliche Energie ist genauso wichtig und wertvoll wie die weibliche und ebenso verwundet. Es gibt auch einen männlichen Schmerzkörper, der sich auch im patriarchalen Geist zeigt: An den Kriegen, den Machtkämpfen, Konflikten, der Konkurrenz etc. An der Wut, dem Zorn und der Aggression, die viele Männer und Frauen (unbewusst) in sich tragen und aktiv oder passiv ausleben. Der Asteroid Chiron läuft in diesen Jahren durch das männliche Tierkreiszeichen Widder, weshalb die Verletzung des männlichen Prinzips so offenbar wird – die mangelnde Durchsetzungskraft, der fehlende Mut, die fehlende Kraft, das mangelnde Rückgrat. Das hat Gründe: Zum einen wurden die Männer über Jahrzehnte zu Softies erzogen und/ oder zu verwöhnten Narzissten. Zum anderen kommen mittlerweile uralte Traumata an die Oberfläche: Sehr viele Männer, die heute leben, sind in früheren Inkarnationen plötzlich und schmerzhaft in Kriegen gestorben, waren Soldaten, Schwertkämpfer, Kreuzritter etc. All das hat Spuren hinterlassen, was es notwendig macht, sich selbst und anderen zu vergeben und Traumen zu heilen. Hinzu kommt, dass immer mehr Werte verflacht und als altmodisch abgetan oder mit rechter Gesinnung verknüpft wurden, wie beispielsweise Treue, Ehre, Geradlinigkeit, Ehrlichkeit, Verantwortung und Heimatliebe. Auch das hat eine Irritation unter den Männern hervorgerufen. Viele Männer sind im Kern verunsichert und verwirrt über die eigene Männlichkeit. Somit gilt es für jeden Mann, das Mann-Sein für sich neu zu entdecken und in seine wahre männliche Kraft zurückzufinden.

Gemeinsam

Wir stehen nicht nur vor tiefgreifenden Veränderungen in unseren Strukturen, Systemen, in der Welt im Allgemeinen, sondern auch vor tiefgreifenden Veränderungen in unserer Identität als Frau und Mann, in unseren Liebesbeziehungen und in der Sexualität. Beide Geschlechter dürfen sich befreien von Konditionierungen rund ums Frau- und Mann-Sein, die nichts mit ihrer eigentlichen Bestimmung zu tun haben. Wir Frauen lieben und wünschen uns Männer in ihrer ganzen männlichen Kraft. Um in diese zu kommen, braucht der Mann die geheilte, weibliche Kraft. Wir sind gemeinsam auf dem Wege… Beide Seiten brauchen Heilung, um auf eine neue Weise zusammen zu finden. Für beide Geschlechter geht der Weg zurück ins wahre Potenzial vor allem über die Herz-Heilung. So sind beide aufgefordert, sich auf den Weg zu machen. Da wir Frauen vorangehen in dieser Zeit, lädt die Frau den Mann im besten Falle freundlich ein, mitzugehen. Nicht indem sie sich als Mutter oder Furie gebärt, sondern indem sie ganz Frau ist: Indem sie in der Liebe ist, in der wahren Liebe: Diese ist sehr klar, frei und bedingungslos – und nicht immer bequem. Denn den Weg kann und soll uns niemand abnehmen, auch nicht der Liebespartner. Wenn wir das unbewusst erwarten, bleibt es bei dem Durcheinander, das zwischen Mann und Frau noch weit verbreitet herrscht: Irrungen, Wirrungen und viele verletzte innere Kinder auf der Suche nach Liebe. Wenn Mann und Frau hingegen in dem für sie bestimmten, wahren Potenzial angekommen sind, sind sie sehr mächtig. Vor allem gemeinsam, als Liebende. Feuer und Wasser verbinden sich. Himmel und Erde verbinden sich…

Die Lösung ist einfach – Wahres ist einfach: Wir Frauen dürfen wieder ganz Frau sein. Damit wird der Mann automatisch zum ganzen Mann. Oder er geht beziehungsweise sie geht.

Ich suchte, aber ich konnte Dich nicht finden.
Ich rief Deinen Namen auf dem Minarett.
Ich läutete die Tempelglocke des Morgens und am Abend.
Ich suchte Dich auf der Erde, ich suchte Dich im Himmel, Geliebter.

Aber schließlich fand ich Dich –
als Perle versteckt in meinem Herzen.

(Hazrat Inayat Khan)

Freie Wahl

Es ist ratsam, seinen Liebespartner sorgfältig auszuwählen – wo er steht, ob er/ sie seine Themen gelöst hat, ob er in Frieden mit den Eltern, dem Männlichen und Weiblichen ist. Diesen Heilungsweg müssen wir zwar nicht alleine gehen, die Heilung der eigenen Verletzungen kann uns aber niemand abnehmen. Wir können uns bis dahin liebevoll zur Seite stehen. Im besten Fall begegnen wir uns ehrlich, verständnisvoll, mitfühlend, bauen Vertrauen auf, indem wir teilen, was uns bewegt. Wahrhaftigkeit führt zu wahrem Austausch, zu wahrhaftigen Beziehungen, zu wahrer Liebe.

Auch die Ehe möchte einen neuen Stellenwert bekommen. Es braucht diese Institution, wenn auch für meinen Geschmack in einem moderneren Gewand. Denn es ist so angelegt, dass die Frau sich beim Mann sicher fühlen muss, um sich ganz hingeben zu können. Und erst wenn die Frau sich ganz hingibt, kann der Mann sich ganz hingeben... Eine solche sexuelle Vereinigung setzt eine ungeheure Kraft frei und ermöglicht die göttliche Schau. Dies gehört zu den ursprünglichen Lehren von Jesus und Maria Magdalena. Wenn wir alle eine solch reine, heilige Liebe und Sexualität leben würden, wäre diese besondere Liebesenergie ein machtvoller Impuls für die Heilung der Erde.

Das Höchste im Leben ist zu lieben und geliebt zu werden. Wenn wir das erkannt haben und uns unseres wahren Wertes bewusst geworden sind, wählen wir einen Liebespartner, der das Höchste ebenfalls erkannt hat und weiß, dass daraus weit mehr erwachsen kann als aus dem alten Wettbewerbs- und Konkurrenz-Geist, der nie genug bekommt. Wir wählen einen Partner, der sich ganz einlassen kann und will. Der lieben kann und lieben will. Der fühlen will. Diese Entscheidung treffen wir nie gegen einen Menschen, sondern aus Liebe zu uns selbst. Womit wir immer auch dem anderen dienen. Wahre Liebe lässt los und andere ohne Urteil und Bedingungen sein wie sie sind.

Liebe muss nicht bitten, auch nicht fordern.
Liebe muss die Kraft haben, in sich selbst zur Gewissheit zu kommen.
Dann wird sie nicht mehr gezogen, sondern zieht.

(Hermann Hesse)

Liebesrevolution

Es ist eine stille Revolution in der Liebe und Sexualität, an deren Anfang wir stehen. Frau und Mann dürfen sich neu finden und neu begegnen. Bereit, einander zu verzeihen. Bereit, die Vergangenheit vollständig hinter sich zu lassen und neu zu beginnen – von Herz zu Herz. Mit jemandem, der Herz und Seele tief berührt. Liebe ist immer eine stille Revolution.

In den Liebesbeziehungen der Neuzeit geht es um wahre Liebe, nicht um Partnerschaft oder ein gutes „Team sein". Es geht um den gemeinsamen Tanz der Herzen und Seelen.

Sexualität braucht zuerst die spirituelle Verbindung,
weil sie sonst immer ein Ersatz ist.

Du musst zuerst zu Gott und dann zum Mann.
Nimm erst Kontakt zu deiner größeren Gestalt auf –
sonst muss er als Ersatz für deine Annabelung herhalten.
Er kann meine Quelle, meine Eigenarbeit nicht ersetzen.

Wenn ich denke, dass der Mann meine Quelle ist,
ist das eine Verwechslung –
mit einer Quelle, die er erst sein kann,
wenn ich sie wiedergefunden habe.

Und auf der Suche danach können wir uns achtsam begleiten.

Dies hat zu tun mit Respekt:
Wir müssen die Zone der Heiligkeit des anderen achten.

Wenn du Gott in dir spürst, dann bist du bei dir zuhause,
dann kann der Mann/ die Frau auch jemand in dir treffen,
den er sonst nicht trifft.

(Dolores Richter)

Gleiches gilt sinngemäß für den Mann.

d) Himmlische Mächte

Doch wir haben noch mehr Unterstützung als den Liebespartner, die Eltern, Freunde, unser Herz und unsere Seele… Wir können uns jederzeit mit der geistigen Welt verbinden und die himmlischen Mächte um Hilfe bitten. Sie sind immer um uns herum, brauchen jedoch eine Einladung, denn sie respektieren den freien Willen des Menschen.

Der Zugang zur geistigen Welt fällt manchen Menschen schwer. Sie glauben nur an das, was sie sehen und anfassen können – alles andere ist nicht geheuer. Mit den ansteigenden Energien und der schwindenden Dichte auf der Erde wird mittlerweile immer mehr Menschen die mediale Wahrnehmung möglich: Neben den bekannten fünf Sinnen – Sehen, Hören, Riechen, Tasten, Schmecken –, gibt es noch den 6. und 7. Sinn! Der 6. Sinn meint die Intuition, Vorahnungen, die außersinnliche Wahrnehmung. Der 7. Sinn ist der Zugang zur Quelle, der sich oft in Hellwissen zeigt. Hier bekommen wir Informationen unmittelbar aus der Quelle, der Kanal ist offen. Durch diese erweiterte Wahrnehmung mit allen sieben Sinnen werden wir künftig immer komplexere Sinneseindrücke und Informationen aufnehmen und verarbeiten können.

Die himmlischen Mächte unterstützen auch den Aufstiegsprozess kraftvoll, und jeder von uns kann sie jederzeit anrufen. Beispielsweise die Erzengel, die Elohim (siehe Anhang II.), den Schutzengel, die aufgestiegenen Meister, Krafttiere, Naturwesen oder andere lichtvolle Wesenheiten.

Du darfst dich sicher und geborgen fühlen im Universum.
Es trägt jeden von uns und macht jedes Licht bedeutungsvoll.

So leuchte hell, Stern des Glücks!

Himmel und Erde

In dieser Zeit der Schwingungserhöhung ist es außerdem hilfreich, sich regelmäßig mit der irdischen und kosmischen Heilquelle zu verbinden – mit Mutter Erde und Vater Himmel, mit deinen kosmischen Eltern. Verbinde dich über dein Herz mit der irdischen und kosmischen Heil- und Lebenskraft – beide sind nährend, klärend und heilsam.

Bitte sie, dein gesamtes Körper-Energiesystem zu reinigen und zu klären, zu harmonisieren und zu energetisieren. Das Körper-Energiesystem zu regenerieren und zu stabilisieren – und zu stärken und zu schützen. Tanke auf mit der Kraft von Himmel und Erde – lasse diese stärkenden Heilkräfte durch deinen gesamten physischen Körper fließen: In jedes Organ, in jede Struktur, in alle Gewebe und in die gesamte Muskulatur. Durch die Knochen und Blutbahnen. Bis in jede Zelle hinein. Darüber hinaus auch in die Energiebahnen in deinem physischen Körper – von dort in alle Chakren und über die Chakren in die feinstofflichen Aura-Körper. Tanke frische Lebensenergie auf, um auf diese Weise blockierte Energien wieder in den Fluss zu bringen, dich zu nähren, zu klären und zu stärken. Um Himmel und Erde wieder zu verbinden...

Wenn du das Gefühl hast, fremde Energien übernommen zu haben oder dich nach Begegnungen erschöpft fühlst, weil du einen Konflikt hattest oder dich in größeren Menschenmengen aufgehalten hast, auch in Hinblick auf mögliche Viren und sonstige Fremdenergien kannst du dein geistiges Team, Erzengel Michael, deinen Schutzengel oder die Elohim um Folgendes bitten:

„Ich bitte euch, alle Viren, Bakterien sowie sonstige Fremdenergien und Strukturen, die mir schaden, komplett von meinem Körper, meinem Geist und meiner Seele abzuziehen. Einschließlich aller infoenergetischen Abdrücke und Speicher- und Sicherungsprogramme und sonstiger negativer energetischen Schnüre und Verbindungen. Mögliche Lücken, die dadurch in meinem Körper-Energie-System entstehen, bitte ich mit der bedingungslosen Liebe aufzufüllen bzw. mit dem, was meine Seele jetzt braucht. Danke."

12. Neue Wege – für dich

Öffne dich –
für dein Herz und für wahre Verbindungen.

Ein Zyklus ist vollendet. Wir können jetzt eine ganz neue Richtung einschlagen. Das ist ein großer, kostbarer Moment im seelischen Leben. Eine seltene Chance… Du bist eingeladen, über die bunte Regenbogenbrücke zu gehen. Nun hast du einiges gelesen und erfahren. Wie geht DEINE Geschichte weiter, welches Kapitel möchtest du aufschlagen?

Autobiographie in fünf Kapiteln *

1. Ich gehe die Straße entlang. Da ist ein tiefes Loch im Gehsteig. Ich falle hinein. Ich bin verloren… ich bin ohne Hoffnung. Es ist nicht meine Schuld. Es dauert endlos, wieder herauszukommen.

2. Ich gehe dieselbe Straße entlang. Da ist ein tiefes Loch im Gehsteig. Ich tue so, als sähe ich es nicht. Ich falle wieder hinein. Ich kann nicht glauben, schon wieder am gleichen Ort zu sein. Aber es ist nicht meine Schuld. Immer noch dauert es sehr lange herauszukommen.

3. Ich gehe dieselbe Straße entlang. Da ist ein tiefes Loch im Gehsteig. Ich sehe es. Ich falle immer noch hinein... aus Gewohnheit. Meine Augen sind offen. Ich weiß, wo ich bin. Ich habe es selbst verursacht. Ich komme sofort heraus.

4. Ich gehe dieselbe Straße entlang. Da ist ein tiefes Loch im Gehsteig. Ich gehe drum herum.

5. Ich gehe eine andere Straße.

(* Quelle: „Das Tibetische Buch vom Leben und vom Sterben", Sogyal Rinpoche)

Möchtest du auf derselben Straße weitergehen – oder ist es an der Zeit, eine andere Straße zu gehen?

Spurwechsel

Besondere Zeiten erfordern besondere Maßnahmen. In dieser Zeit auch neue Wege, denn das Alte funktioniert nicht mehr. So war es auch bei mir. Von 2010 bis 2020 hatte ich intensive Jahre. In kurzer Zeit durfte ich sehr viel lernen – über mich selbst, über die menschliche Psyche, über Beziehungen und die Systeme unserer Gesellschaft. In kurzer Zeit durfte ich sehr viel heilen. Diese Jahre haben meinen eher kreativen Geist strukturiert und diszipliniert und mich geläutert und geerdet.

2020 war das Jahr, in dem sich der Kreis geschlossen hat und ich Erfahrungen einordnen konnte, mit denen ich in der Vergangenheit gehadert hatte. In dem Jahr wurde mir sehr bewusst, dass ich oft zu lange in „Falschem" geblieben bin. Obwohl ich Vieles wahrnehme und mein Herz wusste, habe ich entgegen meiner inneren Stimme gehandelt, gelegentlich auch weggeschaut. Der Grund dafür, war meine Angst: Die Angst, es alleine nicht zu schaffen. Die Angst, etwas zu verlieren, was sich im Herzen nicht stimmig angefühlt hat. Klingt verrückt, nicht wahr? Ich weiß von vielen Klienten und Freunden, dass es ihnen ähnlich geht. Wir halten fest an dem, was uns nicht gut tut, manchmal sogar schadet. Weil es vertraut oder bequem ist. Der Mensch ist ein Gewohnheitstier – und meistens fremdbestimmt und ängstlich. So auch ich. Obwohl ich doch so freiheitsliebend bin, und obwohl wir Menschen so ein Riesenpotenzial haben! Zum Adler geboren, doch leben wir wie ein Huhn… Es brauchte offensichtlich manche Extra-Schleife in meinem Leben. Heute weiß ich, dass meine schwierigsten Lebenserfahrungen und Seelenprozesse mich auf das vorbereitet haben, was ich (beruflich) tun soll und teilen möchte. Und das gilt für jeden von uns: ALLES führt uns letzten Endes auf unseren wahren Weg. Im „Falschen" erkennen wir das „Richtige", um zunehmend unser gesamtes Potenzial zu erwecken!

Es gilt, diese Ängste, die uns manchmal zu lange im „Falschen" festhalten, zu heilen. Gleiches gilt für den mangelnden Selbstwert, mit dem sich viele zu wenig zutrauen. Nur so werden wir uns auch kollektiv aus der Angstherrschaft und dem wenig wertschätzenden Umgang mit uns seitens der Politik, den Medien etc. befreien können. Vielleicht erfährst du diese geringe Achtung auch von Freunden oder deinem Liebespartner. Dein Wertgefühl für dich spiegelt sich 1 : 1 im Außen wider. Drum sei weise: Liebe, achte und ehre dich selbst! So war ein Spurwechsel bei mir nötig. „Corona" hat diese Entscheidung beschleunigt. Heute gehe ich auf einer neuen Straße – und reise nur noch auf der Sonnenseite. ☺

Der persönliche Heilungsweg ist derselbe wie für das Kollektiv – im Kleinen wie im Großen:

1. Die **Heilung des eigenen plutonischen Schattenlandes** – damit einhergehend:

2. Die **Herz-Heilung und -Öffnung.**

3. Die **bedingungslose Liebe.**

Heilung der Vergangenheit

Bei allen Punkten geht es um die Heilung der Vergangenheit – sie ist DAS Thema dieser Zeit und der Schlüssel für eine neue Welt. Denn sie ist Voraussetzung für das Erwachen – der Geist wird über die Herz-Heilung, über den Frieden im Herzen frei. Ich habe das Thema „Heilung der Vergangenheit" als Lösung für die Krisen, Missstände und Unruhen in der Welt jedoch noch von keinem Politiker, Virologen, Juristen oder den Medien vernommen. Dabei dürfen wir Menschen endlich Frieden schließen und neu beginnen. Es wäre eine erfreuliche Nachricht!

Wir heilen die Vergangenheit, indem wir allen verzeihen, die uns verletzt haben, auch uns selbst – und durch das Tor der Vergangenheit hindurchgehen. Und schon sind wir frei! Fortan richte deinen Blick nach vorne, blicke nicht mehr zurück. Werde zum Findenden, dem sich der neue Weg und alles Wesentliche offenbart…

Dabei schenkt uns die aktuelle Krisensituation ein Innehalten. Wir haben die Möglichkeit, noch einmal aus einer erhöhten Wahrnehmung das eigene Leben und die bisherigen Entscheidungen zu betrachten – und den (neuen) Weg bewusst zu wählen:

Wer möchte ich sein?
Welchen Sinn möchte ich meinem Leben geben?

Wenn du an einem Wendepunkt in deinem Leben stehst und nicht weißt, ob rechts oder links, ob sich eine Beziehung oder eine Lebenssituation vollenden sollte oder du dazu neigst, dir etwas vorzumachen, findest du im Folgenden eine Hilfestellung. Sich selbst neu zu spüren und zu fühlen, ist der Weg in die Neue Zeit. Es geht zurück in unser Herzempfinden...

Deshalb:

Gefühle nicht mehr verdrängen und unterdrücken, sondern

HINSCHAUEN und FÜHLEN, wie sich das Miteinander, ein Mensch oder eine Situation anfühlen. (Betrachte auch den gesamten Prozess, die Entwicklung).

ANNEHMEN, was ist. Alles weitere folgt von allein...

DEINE GEFÜHLE FÜHREN DICH ZU DEINER WAHRHEIT.
Und du bist wieder mit dem Herzen verbunden.

Frage dich: WILLST DU NOCH MAL ZURÜCK?

Fühle – und spüre in deinen Körper hinein...

Danke deinem Gefühl und Situationen, die dir begegnen, dass sie dir zeigen, was du (nicht mehr) willst.

Falls du damit noch haderst, frage dich:

Welche Angst hält mich noch im Alten fest?

Fühle – und spüre in deinen Körper hinein...

WILLST DU NOCH MAL ZURÜCK?

Danke deinem Gefühl und Situationen, die dir begegnen, dass sie dir zeigen, was du (nicht mehr) willst.

Möglich ist jetzt eine neue Wahl aus dem Herzen – für die LIEBE und für dich selbst, die anderen zeigt, wie schön und erhaben dieser Weg sein kann. Doch der Verstand, die zum Teil verwirrenden und zweifelnden Gedanken trennen uns häufig von unserem Wesenskern und dem Herzempfinden. Verwirrung ist ein Abwehrmechanismus des Egos, um nicht hinschauen zu müssen, was wirklich ist.

Wir sind eingeladen in dieser Zeit, die Beziehung zu uns selbst zu stärken, indem wir unsere Gefühle und Bedürfnisse anerkennen und wertschätzen – und Herz und Verstand miteinander verbinden. Vertraue deinem Prozess und FÜHLE, was sich FÜR DICH stimmig anfühlt. Alles kommt genau zur richtigen Zeit – und deine Erfahrungen sind ein großer Schatz. Es gibt nichts zu tun, außer dem, was auf dich zukommt. Und dann vertraue deinem Herzen – folge mutig seinem Rat. Auch wenn du Angst hast... spring! Das ist die Neue Zeit.

Herz-Heilungsschlüssel

Zusammengefasst hier die vier Schritte der Herz-Heilung:

1. **Erkenntnis:** Hinschauen und fühlen, was ist.

2. **Annahme:** Sich selbst und die Situation vollständig annehmen.

3. **Vergebung – Loslassen:** Sich selbst und anderen im Herzen verzeihen.

4. **Transformation:** Erlösung und Wandlung – durch Mitgefühl und Liebe und/ oder mithilfe der neuen Energien.

Kämpfe nicht mehr mit dem Alten. Es zeigt sich,
damit es sich ablösen kann, nicht mehr, damit du darauf reagierst.
Nimm die Spannung raus, und es löst sich auf…

Erwartungen

Darüber hinaus habe ich eine Empfehlung, die mein Leben sehr erleichtert hat: Lasse jegliche Erwartungen los – an dich selbst, an andere, das Leben, die Spiritualität, die Quelle/ das Göttliche... Das schenkt Freiheit und entspannt enorm! Erwartungen entspringen immer dem Mangelbewusstsein. Sie halten uns im kindlichen Ich gefangen und führen garantiert zu Enttäuschungen – und somit in die Trauer, die uns in der Vergangenheit festhält. Durchbrich diesen Kreislauf, indem du die Ursache deiner Erwartungen erkennst: Es ist dein Mangelgefühl in dir – das Gefühl, dass dir etwas fehlt, dass du zu wenig von etwas hast. Bei den meisten Menschen ist es im Kern die Liebe, die sie vermissen. Fange an, dich selbst wieder liebenswert zu finden und deinen Wert zu erkennen – das kann dir niemand abnehmen. Und deine Erwartungen schwinden…

Der große Transformationsprozess erfordert ein Aufräumen auf allen Ebenen, idealerweise ohne andere damit zu quälen. Im Persönlichen ist es somit sinnvoll, bei sich zu bleiben. Was uns an anderen stört, hat vor allem mit uns selbst zu tun. Andernfalls sind wir liebevoll bis gleichmütig mit den Schwächen anderer oder lösen uns friedlich aus nicht Passendem. Bleiben wir bei uns und lassen unsere lieben Mitmenschen in Frieden. Wir haben jederzeit die Möglichkeit, uns von unseren schmerzhaften und leidvollen Erfahrungen im Miteinander zu befreien, indem wir ihre immer wiederkehrenden Muster, Strukturen und Verstrickungen erkennen, sie annehmen und heilen. Mit der Folge, eine neue Wahl treffen zu können. Eine Wahl, die uns zu mehr Lebendigkeit und Freude führen wird. Eine Wahl aus Liebe zu uns selbst, die unsere Schatten und Ängste mit Licht durchdringt. Der Strom der immer wiederkehrenden Themen und Kreisläufe möchte jetzt durchbrochen werden – und Vieles kann heilen.

Und nun die wichtigste Frage:
Wie kann eine neue Zukunft für dich persönlich aussehen?

Was schenkt deinem Herzen größte Freude,
deiner Seele tiefste Erfüllung?

Nimm dir Zeit, und spüre in dich hinein… Dein Herz und deine Seele kennen den Weg, beide haben große Kraft. Ein Wunsch, der tief aus dem Herzen kommt, ist äußerst machtvoll.

Wenn du dir über deine Wünsche und Bestimmung noch nicht im Klaren bist, hier eine weitere Frage:

Wenn du nicht scheitern könntest und Geld und Zeit keine Rolle
spielen – was würdest du tun, wie würdest du leben?

Diese Frage öffnet deinen Geist und dein Herz, lässt dich groß träumen und erweckt deine Schöpferkraft. Es ist so wichtig, die eigenen Wünsche, Träume und Visionen ernst zu nehmen. Deine EIGENE Vision, deine EIGENEN Träume im Herzen aufzuspüren und zu leben – anstatt gemäß alter Konditionierung fremden Träumen nachzujagen.

13. Meisterschaft

Ein Meister ist verbunden mit der Kraft seiner Seele und den kosmischen
Gesetzmäßigkeiten. Er verwandelt Unerwünschtes in Wertvolles,
Niedrigschwingendes in Hochschwingendes.
Aus Blei macht er Gold.

In diesen Jahren sind wir eingeladen, zu Meistern werden. Es geht nicht
mehr nur noch um uns, sondern wir dürfen mit unserem Licht und
unserer Liebe den Aufstiegsprozess unterstützen. Das gilt auch für dich,
ansonsten würdest du diese Zeilen nicht lesen. Was macht nun einen
Meister aus?

Licht sein

Ein Meister macht sich selbst und anderen nichts vor. Er sieht genau
hin, ohne verhaftet zu sein: Mit seinem ruhigen, klaren Geist beobachtet
er das Leben und sich selbst aus einer höheren Perspektive. Er
identifiziert sich nicht mehr mit dem, was er sieht und fühlt und bewertet
es nicht. Er nimmt an, was ist. Denn er weiß, dass das Leben, dass jeder
Augenblick vollkommen ist.

Ein Meister wählt bewusst einen lichten Seins-Zustand, wie
beispielsweise Liebe oder Frieden. Damit gibt er seinem Leben einen
Sinn. Er weiß, dass ihm die Seins-Entscheidung, die Sinngebung,
niemand abnimmt, dies vielmehr das große Geschenk an ihn ist: Der
freie menschliche Wille, zu wählen, was und wer er sein möchte hier auf
Erden. So wählt der Meister, in einer bestimmten Energie, in einem
bestimmten Lebensgrundgefühl zu sein – komme, was da wolle. Er hält

konsequent an seinem Entschluss fest, indem er sich auf den gewählten Seins-Zustand fokussiert (auf Liebe, Frieden, Reichtum etc.). Er weiß, dass das wächst, worauf er seinen Fokus richtet. Er weiß, dass er mit seiner Aufmerksamkeit, mit dieser aktiv gelebten Schöpferkraft, sein Leben erschafft! Darin liegt eine große Chance dieser Zeit: Wir können uns und unser Leben neu erschaffen! Wir können die Welt neu erschaffen!

So beginnt der Meister, diesen Seins-Zustand zunehmend zu verkörpern. Aus dem Sein heraus Form anzunehmen... Bis er aus dem Sein das Leben, sein ganzes Leben sich selbst erschaffen lässt und sich erlaubt, dass dieses Form-Annehmen in seiner eigenen Zeit, auf seine eigene Weise stattfinden darf. Leicht und mühelos. Das ist ein geheimnisvoller, schöpferischer und höchst beglückender Prozess, den viele im Flow-Zustand oder in der Sexualität schon erlebt haben. Ein weibliches Manifestieren... Wähle zunächst dein SEIN – Sein ist eine Funktion der Seele:

Was ist das Licht, das du anderen bringen möchtest?

Aus deinem Sein entspringt dann natürlicherweise dein TUN – Tun ist eine Funktion des Körpers. Erst wenn unser Tun unserem Sein entspringt und wir den gewählten Seins-Zustand verkünden und leben, sind wir in unserer Mitte, in unserer ganzen Kraft, und können aus dieser Licht und Liebe in die Welt bringen. Deshalb tönt es von überall her, dass wir leuchten sollen. Ja, stelle dein Licht nicht mehr unter den Scheffel, stelle es auf den Scheffel! Damit es für alle sichtbar ist und viele Seelen wärmen und erleuchten kann. Eine Herausforderung unserer Zeit ist jedoch, dass es noch verbreitet ist, das Licht von Menschen zu dimmen, Licht zu unterdrücken – vielen ist es noch zu hell. Womit wir wieder beim plutonischen Schattenland sind (Kapitel 9 a). Doch ein Meister weiß, dass Licht den Schatten natürlicherweise anzieht. Wo viel Licht ist auch Schatten. So nutzt er dies als Gelegenheit – wie jegliche Widrigkeit im Leben –, bei sich und in der Liebe zu bleiben. Und zu heilen, was dem noch im Wege steht.

Dem Meister widerfährt ebenso „Ungutes" und „Unglück" wie jedem anderen auch. Manchmal deutlich mehr. Doch seine Reaktion darauf, seine innere Haltung, sein Geist sind ein anderer: Er wählt, ein Licht zu sein in dieser Welt, er wählt in einer hohen Schwingungsfrequenz zu sein und zu bleiben – komme, was da wolle. Damit ist er eine starke Transformationskraft – allein durch sein SEIN. Das ist das Geheimnis der menschlichen Existenz, die große Freiheit, das wundervolle Werkzeug, das wir haben: Dank unseres freien Willens haben wir die Macht, in jedem Moment zu wählen, was wir denken und wie wir uns fühlen wollen. Womit wir selbst die Frequenz unserer Schwingung bestimmen und Reales erschaffen können. Es ist die Macht, sich selbst zu ermächtigen! Auf diese Weise manifestieren und erfahren wir, wer wir sind.

Wenn wir diesen Prozess in der Tiefe verstehen und umsetzen, werden wir zu Meistern. Zu Lichtbringern in unserem persönlichen Leben und für die Welt. Das braucht jedoch ein Umdenken, denn in der westlichen Welt machen wir es noch genau umgekehrt: Wir tun, machen und schaffen... um irgendwann glücklich zu sein. Doch meistens funktioniert das nicht, wie wir überall sehen. Dank Corona dürfen wir diesbezüglich auf Erkenntnis und Wandel im Geiste und Herzen vieler hoffen.

Ein Meister hat einen freien Geist & ein liebendes Herz.

Ein Meister befindet sich in einem fortwährenden Prozess des (Sich-) Erschaffens. Ebenso wie Gott/ die Quelle. Ebenso wie eine Frau, wenn sie in ihrer reinen, urweiblichen Energie schwingt. Durch sein SEIN schafft der Meister bewusst einen Raum für wundervolle Schöpfungen... Das ist wahre Kreativität, inspiriert vom Göttlichen. So gibt es kein helleres Licht im Universum als das Licht deines Seins. Und genau deshalb bist du, deshalb sind wir alle in dieser besonderen Zeit inkarniert: Um Licht und Liebe zu sein. Um Licht und Liebe zu bringen. Wie es in *Ein Kurs in Wundern* geschrieben steht:

Sie sind im Raum, um den Raum zu heilen. Sie sind im All, um das All zu heilen. Aus keinem anderen Grund sind sie hier.

Lichtbringer

Jeder von uns wird früher oder später ein Lichtbringer, die Seele verlangt danach. In welcher Weise wir uns kreativ ausdrücken und Form annehmen ist abhängig davon, welchen Sinn wir unserem Leben geben. Was wiederum abhängig ist von unserem Bewusstsein, unserer Eigenart und Grundanlage und den persönlichen Vorlieben. Nicht zuletzt auch von unserem Seelenplan (siehe Geburtshoroskop). So wählen Whistleblower, wichtige Informationen aus einem geheimen/ geschützten Kontext an die Öffentlichkeit zu bringen. So wählen Yogis, ganzheitliches Wissen und Körperbewusstsein in die Welt zu bringen. Spirituelle Lehrer wählen, Bewusstsein zu weiten und Herzen zu öffnen. Pioniere wählen, Wege zu bereiten und voranzugehen. Künstler unterschiedlicher Art wählen, Schönheit, Ästhetik, Geist und somit Liebe in die Welt zu bringen. Lichtkinder, die sich oft in oben genannten Gruppen wiederfinden, wählen Liebe, Frieden, Inspiration, Freude, Freiheit, Wahrheit etc. in die Welt zu bringen. Unternehmer, Köche, Mütter wählen… Wir sind alle eine große Menschheitsfamilie – und jeder darf seinen Platz einnehmen! Wir haben jedoch nicht gelernt, uns an der Andersartigkeit eines jeden zu erfreuen, sondern wir haben gelernt, zu (ver)urteilen. Das ist der alte Geist… In jedem Moment können wir das jedoch ändern und uns für die Liebe entscheiden. Denn wir Menschen wollen als Menschenfamilie wieder zueinander finden und unser Miteinander neu gestalten. Mit dem alten Geist wird das nicht möglich sein.

Wir haben somit die Wahl, zu sein wer und was wir sein wollen in dieser Welt. Darin liegt ein großes Vertrauen und sehr viel Liebe, die uns Menschen von der Quelle, von Gott – wie auch immer wir die Instanz nennen wollen, die alles durchdringt – entgegengebracht wird. Weil wir Gottes Kinder sind und bedingungslos geliebt werden. Gehen wir behutsam und dankbar mit diesem Geschenk um und nutzen es, um unserem Leben Sinn zu geben und der Gesellschaft und Mutter Erde zu dienen. Es braucht nur deine klare Entscheidung.

Welchen Sinn möchtest DU deinem Leben geben?
Wer möchtest du SEIN in dieser Welt?

Ein Meister weiß, dass die Liebe die stärkste Kraft im Universum ist. Liebe ist die Energie, mit der er wirkt. Manchmal ohne irgendetwas zu tun – allein durch sein liebevolles SEIN, durch seine Präsenz. Denn alles reagiert auf Liebe... Seine Liebe strömt hinein in größere Räume und Kreislaufe und erschafft fortwährend Neues.

Aus Blei macht ein Meister Gold –
dank seiner Geistes- & Liebeskraft.

Erwachen

Das große Erwachen ist bereits in vollem Gange – vielen Menschen kann in diesen Jahren ein Licht aufgehen. Mit „Licht aufgehen" meine ich einerseits, das Theater und die Illusionen hier auf Erden zu erkennen. Andererseits meine ich die Erweckung des inneren Lichts im Menschen. Es entspringt deinem Wesenskern, es ist deine natürliche Lebensenergie, die wie ein Bergquell unermüdlich in dir sprudelt – das Licht der Freude und Liebe, das göttliche Licht in dir! Du weißt mittlerweile, wo du es findest: In deinem Herzen.

Noch sind viele Menschen davon abgeschnitten. Viele tragen Schmerz und Resignation im Herzen und leben das künstliche Konzept der Dualität: Den Kampf zwischen Licht und Dunkel, den wir zurzeit besonders stark erleben. Der Irrtum der Dualität hat uns Menschen viele Kriege beschert, aber auch wertvolle Seelenerfahrungen geschenkt. In seinem Kern ist und bleibt es jedoch ein Kriegsspiel, welches seine

Macht verliert, sobald es als solches durchlebt und durchschaut ist. Denn es lebt von der Energie, die jeder Einzelne in das Spiel hinein gibt. Je mehr Menschen die Energie aus diesem Kriegsspiel abziehen, desto schneller heilen die Erde und die Menschheit.

Irgendwann kommt für jeden dieser große Moment, in dem er sich erhebt und das Schlachtfeld verlässt. Ab dann wird er Wertungen und Trennungen in Gut und Böse unterlassen und sich auf das Wesentliche konzentrieren: Auf sein Herz – auf die Urschwingung der bedingungslosen Liebe und Freude in seinem Herzen. Er wird fortan seinem Herzen folgen, denn das Herz kennt den Weg zurück nach Hause, es weist ihm sicher den Weg. Wo auch immer dieser entlangführt und unabhängig davon, was rund herum geschieht. Dieser Mensch erkennt seine Aufgabe hier auf Erden, die darin liegt, präsent zu sein, ein Licht zu sein: Bei sich zu sein und zu bleiben. Da zu sein, in seiner Mitte und damit in der Liebe, in der Neutralität. Er ist wertungsfrei und auch deswegen resistent gegen Viren und Geister jeder Art.

Verkörpern wir die Freude und Liebe, die wir in Wahrheit sind! Es sind die Meisterschritte, die jetzt für uns anstehen und imstande sind, wesentliche Veränderungen für jeden persönlich und zum Wohle des Ganzen zu bewirken. Es ist eine weichenstellende Zeitqualität – viele neue Wege und Möglichkeiten öffnen sich und werden sich weiter öffnen. Jeder Einzelne wird in dieser Zeit wählen, wie er/ sie weitermachen wird. Die aktuell sich verändernde Welt betrifft uns alle. Es liegt an jedem von uns, wie es kollektiv weiter geht. Dein Leben wird sich grundlegend wandeln, wenn du dich erinnerst und rückverbindest mit deiner wahren Natur, mit deinem Wesenskern: LIEBE und FREUDE. Und dein größter und erhabenster Beitrag zur Krise ist geleistet. Sei ein Licht, sei Liebe! Das ist die Meisterschaft des Mensch-Seins, zu der jeder von uns aufgerufen ist in dieser Zeit.

14. Gold

Was würde die Liebe tun?
Frage dein Herz!

Königsweg

Es geht zurück auf den Königsweg für uns Menschen, auf den Weg unseres Herzens. Dieser entspricht immer dem höheren Lebensplan. In der astrologischen Deutung meint der Königsweg die Heilung und Verwirklichung der Sonne im Geburtshoroskop (= Sternzeichen). Die Sonne in Zeichen, Haus und Aspekten steht unter Einbeziehung der Mondknotenachse (= Seelenweg) für die zentrale Lebensaufgabe. König/in im eigenen Reich zu werden, diese Bestimmung eint die gesamte Menschheit. Zu einer wahren Königin/ König werden wir, wenn wir unsere Sonne geheilt haben und sie für uns und die Welt strahlt und wärmt. Wenn wir ein offenes Herz haben und aus diesem leben und lieben, dann verkörpern wir unser (göttliches) Licht auf Erden. Mich erinnert der Königsweg und der Prozess hier auf Erden immer an die Trilogie „Herr der Ringe", in der viel Weisheit und Wahrheit steckt: Viele Menschen und Staaten leben noch wie entmachtete Könige, die irgendwann ihre Macht und Souveränität verloren haben. Diese dürfen wir jetzt zurück gewinnen – mit den Waffen der Liebe.

Schöpferkraft

Das Löwe-Prinzip korreliert auch mit unserer Schöpferkraft – der Fähigkeit, zu manifestieren. Gemeint ist das männliche Manifestieren, Löwe ist ein männliches Tierkreiszeichen. Es gibt auch ein weibliches Manifestieren: Hier bebrüten wir unser „Baby" solange und folgen den natürlichen Lebensrhythmen, bis es leicht und natürlich hervorkommt.

Löwe korreliert auf der feinstofflichen Ebene mit dem Solarplexus. Für ein lichtvolles Manifestieren im Sinne der göttlichen Ordnung brauchen wir neben einem freien Solarplexus zusätzlich ein offenes Herz-Chakra, die beide harmonisch zusammenwirken. Eines oder beide Chakren können jedoch blockiert sein, beispielsweise wenn das Herz nicht offen ist und der Solarplexus durch energetische Schnüre/ Verstrickungen geschwächt ist. Deshalb klappt es bei vielen nicht mit dem Manifestieren trotz aller Ratschläge, die wir dazu erhalten. Der freie Energiefluss ist dann blockiert. Andere wiederum manifestieren erfolgreich allein mit dem Solarplexus, ohne die Herzkraft. Es sind die Manifestationen, die wir noch vielfach in der Welt vorfinden. Sie entstehen aus der Gier, aus einem falschen Machtstreben und somit aus dem Mangelbewusstsein. Machtmenschen haben häufig einen starken Solarplexus, beziehen ihre Herz-Power und Energie aber vom Außen. Den Hochsensiblen/ Hochsensitiven und Lichtkindern dürfte die Thematik vertraut sein. Diese müssen häufig lernen, ihre Energie bei sich zu behalten, falls nötig, zu schützen, um in ihrer ganzen Kraft zu sein und zu bleiben.

Wer Schwierigkeiten mit Manifestationen hat, dem empfehle ich eine Chakren-Reinigung und eine Stärkung des Energiefeldes mit der irdischen und kosmischen Heilenergie und/ oder den Elohim. Sinnvoll ist es auch, seine Glaubenssätze zu überprüfen. Wenn im Unterbewusstsein hinderliche Glaubenssätze wirken, stehen sie erfolgreichen Manifestationen im Wege. Der violette und goldene Strahl der Elohim eignen sich gut zur Klärung und Stärkung des Solarplexus. Näheres dazu im Anhang unter II.

Erinnere dich, liebe Seele...

Ein Meister ist verbunden mit der Kraft seiner Seele
und den kosmischen Gesetzmäßigkeiten.
Er lebt in Einklang mit beiden,
vereint Himmel und Erde.

Ein Meister verneint nichts, er wandelt um.

Goldene Zeit

Während ich die letzten Zeilen meines Buches schreibe, befinden wir uns in der Löwe-Zeit – heute ist der 11. August 2021. Da ich einen Löwe-Aszendenten und ein betontes Löwe-Haus in meinem Geburtshoroskop habe, ist mir diese Energie sehr vertraut. Natürlich liebe ich sie, ebenso die Sonne und die Hochsommerzeit! Der Löwe ist der König unter den Tieren. Auch die Sonne, der Herrscher des Löwen, ist das Zentralgestirn am Firmament. Wenn wir unsere Sonne aus dem Schatten befreien, strahlt das göttliche Licht aus uns, aus unserem Herzen. Unser Herz öffnet sich für das Leben und die Liebe – und es öffnet die Herzen anderer.

Wir alle haben ein Löwenherz,
wir alle sind als Liebende geboren!

Der Löwe weiß: Egal wie die Sterne tanzen, egal wie die Energien schwingen – entscheidend ist dein Geist, dein Bewusstsein, der Umgang mit diesen Energien. Denn du bist der Schöpfer deines Lebens! Aus allem kannst du Gold machen – in jedem Moment. Und ALLES im Leben möchte dich genau dorthin führen: Zurück ins GOLD.

Der Löwe liebt Gold! Und als Meister und Liebender weiß er um die Bedeutung des Goldes für die Menschen. So spricht er zu uns:

„GOLD ist das Erbe der Menschheit. Was ihr je an Liebe und Weisheit eingelebt habt auf Erden, ist unvergänglich. Es ist euer Schatz, euer Neubeginn!

Doch wissen dies so Wenige…

Das Höchste im Leben ist die Liebe: Zu lieben, geliebt zu werden und geliebt zu haben. Letzteres wird oft vergessen – doch ist genau dies der große Schatz der Menschheit und das Erbe der Liebenden. Diejenigen, die am meisten geliebt haben, haben am meisten gelitten. Sie tragen häufig großen Schmerz im Herzen und schützen sich. Doch anstatt sich weiter zu schützen, anstatt die Resignation im Herzen zu halten:

Würdigt euch und den Weg, den ihr bis heute gegangen seid! Würdigt eure Gefühle, würdigt euch für all die Liebe, die ihr auf Erden gelebt habt und in euch tragt. Es ist ein zeitloses Wissen, die Weisheit der Liebe – ihr findet sie in eurem Herzen und in jeder Zelle eures Seins! Es ist das Kostbarste, was ihr besitzt, was euch niemand nehmen kann. So erinnert euch… Fühlt euren inneren Schatz, den die Welt jetzt so dringend braucht. Würdigt euch für diesen Schatz – für das, was ihr zu geben habt!

Egal was war – öffnet euer Herz erneut für das Leben und die Liebe. Öffnet den Zugang zu eurem inneren Schatz – ihr allein habt den Schlüssel dazu. Werdet wieder zur Königin, zum König im eigenen Reich!

Es ist der Entwicklungsweg der Menschheit…

Dann kommt auch die Goldene Zeit!"

Gelebte Liebe und Weisheit, die niemals verloren gehen – das ist dein persönliches und das Gold der Menschheit! Dieses Gold kommt jetzt zurück…

Herzentscheidung

Entscheidungen werden aus Angst oder aus Liebe getroffen. Die Welt ist wie sie ist, weil viele Entscheidungen aus Angst getroffen werden und wenige aus Liebe. Dein Leben ist das Ergebnis unendlich vieler Entscheidungen in der Vergangenheit – sieh dich um in deinem Leben: Hast du Entscheidungen vornehmlich aus Liebe oder aus Angst getroffen? Wenn du möchtest, kannst du das jederzeit ändern. Welche Entscheidung auch immer bei dir jetzt ansteht:

Triff die Entscheidung mit deinem Herzen!

Der nachfolgende Text von mir stammt aus dem Sommer 2010. Entdecke den Löwen in dir!

Das Herz entscheidet
(Löwe – 23.7. bis 23.8.)

Erinnern wir uns: Der Krebs – die Welt des Wassers und des Unbewussten, aus dessen Schoß das Licht des Bewusstseins geboren wird… Ursprung unserer seelischen Eigenart und aller kreativen und schöpferischen Anlagen, die im Löwe-Prinzip entwickelt und zum Ausdruck gebracht werden wollen. Ging der Krebs lieber einen Schritt zurück, so schreitet der Löwe mit erhobenem Haupte stets voran. Er will gesehen werden! Und er wird gesehen.

Der Löwe ist im Element des Feuers zu Hause. Feuer – es wärmt und leuchtet so hell. Impulsiv, lebendig, faszinierend. Wasser kann Feuer löschen. Das Feuer aber auch das Wasser erwärmen, seine Tiefen erleuchten… Bewusstsein. Schlicht durch einen Perspektivwechsel.

Hochsommerzeit. Zu keiner Jahreszeit ist die Natur üppiger, strahlender, so freigiebig wie jetzt. Die Sonne, dieser glühende Feuerball, ist Herrscherplanet des Löwezeichens. Voll vitaler Energie strahlt sie in die Welt hinaus und bestimmt nun die

Lebensenergie. Das Zentralgestirn am Firmament – alle Planeten kreisen um sie. Fühlen wir uns ein in den Löwen... Wir alle haben die Sonne in unserem Geburtshoroskop, in unterschiedlichen Tierkreiszeichen – unser Sternzeichen. Dieses zeigt unser persönliches Zentrum der Vitalität an, unsere potenzielle (Strahl-)Kraft. Den Löwen in uns! Das Gefühl der Subjektivität ist hier am größten. Um unsere Energien bewusst in kreative Formen der Selbstverwirklichung einfließen zu lassen, ist es notwendig, auch selbstzentriert zu sein. Nur so können wir unser Leben in die Hand nehmen und es nach unseren Vorstellungen formen – unabhängig von der Meinung anderer. Unsere Heldenreise antreten... So ist die Sonne bei jedem Menschen einzigartig, etwas Besonderes – doch gibt es Abermillionen davon in unserem Universum. Eine wichtige Erkenntnis. Ohne diese laufen wir Gefahr, uns für den Mittelpunkt des Universums zu halten. Was der Löwe gerne tut – er brüllt so gern... Egozentrik, Arroganz, falscher Stolz, alle Ausprägungen des Narzissmus sind die Schattenseiten dieses Prinzips. Wenn wir jedoch aufgehört haben, unser Ego mit den kreativen, göttlichen Kräften, die uns durchströmen, zu identifizieren, uns stattdessen als einen Kanal für diese universellen Energien sehen, kommen wir in unsere wahre Kraft. C. G. Jung sprach vom SELBST – die transpersonale Kraft in uns. Das göttliche Licht, das uns, wenn wir es spüren, sehen lässt: Alles ist mit allem verbunden. Wir sind nicht die Quelle selbst. Egozentrik wird zu spirituellem Bewusstsein...

Im günstigsten Fall entwickeln wir im Löwe-Prinzip die Fähigkeit, die kreativen Kräfte des Lebens sich durch uns manifestieren zu lassen: Durch Kinder – des Geistes und/ oder des Körpers: Der Wunsch, dass etwas Größeres als unser beschränktes Ego durch uns geboren wird. Sowohl Kinder als auch wahre Kreativität lehren uns, das zu tun, was wir wirklich tun wollen: Unseren Lebenszweck. Wille und Hingabe verbinden sich...

Auf der Körperebene entspricht die Sonne unserem Herzen. Wahre Liebe, in all ihren Erscheinungsformen, entsteht im Herzen. Nur das Feuer der Liebe hat die Macht, unser Ego zu verbrennen. So repräsentiert unsere Sonne entweder das Feuer des Egos – die Liebe zur Macht, die immer aus der Angst geboren wird. Oder das Feuer der Liebe – die Hingabe an etwas Größeres. Hier sind wir im guten Sinne machtvoll... Vertrauend auf die Weisheit des Lebens selbst. Und wählen den Weg, den unser Herz uns weist: Dieser ist voller Freude, macht uns stark und lässt uns wahrlich strahlen – von innen heraus. Die Entscheidung für ihn treffen wir ohne Furcht und

Ehrgeiz. Hier machen wir etwas scheinbar Leichtes: Wir tun einfach, was wir für richtig halten. Leise und unbeirrbar.

(Hamburg, im August 2010)

15. Home again

*Wahrer Selbstwert und eine gesunden Selbstliebe sind
deine Wurzeln – und Türöffner für alles!*

In den nächsten 20 Jahren gehen wir gemeinsam in absolut Neues und Unbekanntes! Wir sind eingeladen, uns eine neue Zukunft zu erschaffen. Das kann man fürchten oder freudig begrüßen. Die Zeit der Erinnerung, wer wir wirklich sind, ist gekommen: Freie, schöpferische Seelen auf Erkundungsflug in einem menschlichen Körper. Im Grunde brauchen wir nur zweierlei zu erinnern beziehungsweise neu zu lernen:

1. Wir sind reine Energie und göttlich geboren. Das göttliche Licht ist in uns, in unserem Herzen. Wir waren nie von der Quelle getrennt.

2. Wir sind Gottes Kinder. Gott/ das Göttliche schenkte uns den freien Willen, um über unsere Erfahrungen in der Dualität selbst zu entscheiden. Dabei setzte er volles Vertrauen in uns, dieses göttliche Werkzeug verantwortungsbewusst zu nutzen. Die grenzenlosen Möglichkeiten, die uns damit gegeben wurden, wollen im Positiven gelebt werden. Der göttliche Wille soll durch uns geschehen. Dein ICH BIN meint die göttliche Gegenwart...

Deshalb:

- Sorge gut für dein Energiefeld – kläre, pflege, schütze es und erhöhe deine Schwingung.

- Verbinde dich mit deinem Herzen, dem göttlichen Licht in dir. Dein liebendes Herz erweckt und befreit deinen Geist – und alle Geister um dich herum.

- Nutze deinen freien Willen, achte bewusst auf deine Gedanken und Gefühle: Wäge ab, was du denken möchtest – deine Gedanken sind schöpferisch. Entscheide, wie du dich fühlen möchtest. Denn lädst du deine Gedanken mit Gefühlen auf, verwirklichen sie sich entsprechend – auch wenn es auf Erden noch eine Zeitverzögerung in der Manifestation unserer Wünsche gibt. Doch mit der Zunahme des Lichts, der eigenen Klärung und schwindenden Dichte auf Erden werden unsere Manifestationen immer schneller Wirklichkeit.

- Wähle bewusst, welchen Sinn du deinem Leben geben möchtest. Fokussiere dich auf das Licht, das du sein und anderen bringen möchtest.

Was für eine neue Welt möchtest du manifestieren –
im Kleinen, im Großen?

Dankbarkeit

Auf dem Wege dorthin kannst du bereits die „Macht der Dankbarkeit" für dich und Mutter Erde nutzen, sie ist ein wertvoller Manifestationsschlüssel: Wenn du aus ganzem Herzen dankbar bist – beispielsweise für eine neue, friedliche Erde mit freien Menschen, die bereits im Feld existiert – manifestierst du auf die beste Weise, aus Liebe. Danken heißt lieben und es bedeutet, das Gewünschte geistig in Besitz zu nehmen. Im Danken ist die Erfüllung bereits enthalten, und wir erhalten nur das, was wir vorher geistig in Besitz genommen haben. Mit deinem unentwegten Dank aus ganzem Herzen kannst du alles in Erscheinung rufen! Aufrichtiger Dank ist somit der Anfang aller Wunder…

Weibliches Heilen

ANNEHMEN und AKZEPTIEREN – dies ist ein weiterer, wundervoller Heilungsschlüssel. Damit kommst du in eine neutrale Energie und stoppst die alten Mechanismen. Kämpfe nicht mehr mit dem Alten, das sich noch zeigt. Es zeigt sich, damit es sich ablösen kann, nicht mehr, damit du darauf reagierst. Lasse es von selber gehen, nähre es nicht mehr mit deiner Kraft. Nimm die Spannung raus, und es löst sich auf…

Mach dir dabei bewusst, dass es keine wirklichen Gegner und Feinde gibt – dass dir niemand Böses will. Dass vielmehr alles, was du im Außen an „Unschönem" wahrnimmst und erlebst, die unerlösten Dämonen im eigenen Innern sind. Wie außen, so innen. Alle Konflikte und Kriege rühren aus der Sichtweise jener alten, verstrickten Energie von Gut und Böse, die in dieser Zeit endlich Heilung erfahren darf. Gib dir Zeit für diese Prozesse – und erkenne, worum es wirklich geht: Erkenne dich selbst! Erkenne dein Eigenes, und wenn du kannst, steige noch heute aus dieser alten Energie aus – diese die Emotionen auf andere projizierende Sichtweise. Besinne dich auf dein Herz, auf deinen inneren Herz-Raum. Da bist du zu Hause, das ist die Neue Zeit! Selbsterkenntnis und Herz-Heilung sind der einzige Weg für wahre Heilung.

Lassen wir die nächsten Schritte heranreifen, sich herauskristallisieren – im Vertrauen auf die innere Führung. Das ist die weibliche Energie. Freude, Liebe und Vertrauen sind die Wegweiser für das neue Jahrzehnt. Nimm dir immer wieder Zeit für dich selbst, um zu entspannen – und halte Wunder für möglich! Nur so kannst du das Flüstern deiner Seele hören und das Licht der Neuen Zeit empfangen…

Was ich mir für dich wünsche:

- Dass dir bewusst ist, dass in dieser Zeit nicht nur die Erde neu geboren wird, sondern auch eine neue Version deiner selbst.

- Dass du das göttliche Licht in dir erkennst – und das Licht in jedem Menschen.

- Dass du deinen inneren Heiler entdeckst: Die Liebe deines Herzens.

- Dass du wieder ins Spüren und Fühlen kommst und deiner Intuition vertraust.

- Dass du dich selbst als den wichtigsten Menschen in deinem Leben siehst – und dich und deine Geschichte würdigst.

- Dass du deinen Wert zu schätzen weißt – und dich liebst, achtest und ehrst.

- Dass du dir deines eigenen Reiches bewusst bist und es zu schützen weißt – körperlich, geistig und seelisch.

- Dass du liebevolle Menschen an deiner Seite hast und dich gesehen, gehört und unterstützt fühlst.

- Dass du deine Ängste, Selbstzweifel und Blockaden auflöst, um innerlich frei zu werden.

- Dass du den Mut hast, alte Konditionierungen und Fremd-bestimmungen zu sprengen – und neue Wege zu gehen.

- Dass du lernst, nicht nur deinen Körper, deinen Geist und deine Seele zu entspannen, sondern dein ganzes Leben.

- Dass dir bewusst ist, welchen Einfluss dein Atem, deine Gedanken, deine Gefühle und Worte auf dich, auf dein Leben und dein Umfeld haben.

- Dass du dankbar freigibst, was nicht deinem Seelenweg entspricht.

- Dass du Frieden schließt – mit allem, was war und ist. Auch mit dir selbst.

- Dass du an Wunder glaubst, damit deine Seele sich entspannen und dir sagen kann, was wann dran ist.

- Dass du lernst, mit den Augen der Quelle zu schauen.

- Dass du darauf vertraust, dass sich alles zu deinem und unser aller höchsten Wohle entwickeln wird.

- Dass du bestärkt aus dieser herausfordernden Zeit hervorgehen wirst und dir erlaubst, der Mensch zu sein, der du von Herzen sein möchtest.

- Dass du dein Leben als ein Fest der Liebe gestaltest!

Gewonnen hat immer der,
der lieben, verstehen und verzeihen kann –
nicht der, der besser weiß und aburteilt.

(Hermann Hesse)

Epilog

Nimm nichts persönlich.
(Es hat nichts mit dir zu tun.)

Erwarte nichts von anderen.
(Versorge dich selbst.)

Schließe Frieden – mit allem, was war und ist.
(Lasse die Vergangenheit ruhen.)

Und leuchte – in all deinen wunderschönen Farben!
(Lasse dein Licht von nichts und niemandem unterdrücken.)

Wenn du das konsequent lebst, machst du schnell große Schritte in die Freiheit und in die wahre Liebe. Jeder spielt seine Rolle in diesem bunten Theater, das wir Leben nennen. Spiele und erkunde es, sei neugierig – und nimm dich und das Leben nicht zu ernst. Die einen führen dich an deine Wunden heran. Die anderen zeigen dir dein Schattenland. Bei anderen blühst du auf. Letzten Endes wollen alle dich daran erinnern, wer du wirklich bist – und helfen dir, deine Vergangenheit zu heilen.

Finde deine verlorene Freiheit und Wahrheit wieder. Kommuniziere: Zeige dein wahres Gesicht, und setze deine Grenzen neu. Kraftvoll und friedlich. Verbinde dich: Wähle die "richtigen" Menschen und Orte für dich – sie erheben dich und schenken dir Energie. Du bist der wichtigste Mensch in deinem Leben. So achte deine wahren Bedürfnisse und deinen wahren Wert. Und dein Leben wird leicht und wahrhaftig.

Manche dürfen in diesen Jahren die Früchte eines langen Reifeprozesses ernten. Wir können große Erfüllung erfahren und auf eine neue Weise wahrgenommen werden. Die schmerzhaften Prozesse, in denen das Ego zur Asche verbrannt wurde, sind vorbei. Die Vergangenheit ist geheilt. Die Phönixe steigen aus der Asche... Das ist der Entwicklungsweg der Menschheit. Woran erkennen wir die Phönixe? An ihrer Integrität, an ihrem Charisma, an ihrer Lebensenergie – und an einem liebenden, sanften und starken Herzen, das vom richtigen Ausgangspunkt in die Welt hinaus strahlt! Und dabei die Freude am Gemeinsamen zelebriert...

Erinnern wir uns abschließend an die weisen Worte des Schützen:

„Doch was wird sein? – obliegt zum Glück uns fast allein. Denn der Mensch hat die WEISHEIT, den WILLEN und den GÖTTLICHEN SCHUTZ. Dies vereint und geschickt genutzt, lässt ihn die kosmischen Gesetze regulieren – fang an, mein Freund, es auszuprobieren. Befreiung ist möglich, in jedem Moment – dies vertrete ich ganz vehement! Der Weise besiegt die Sterne, seine Vergangenheit – und dazu ist er zu allem bereit. Die Lösung liegt allein in den inneren Siegen. Nicht in äußeren, erst recht nicht in Kriegen. ...“

Was für ein lebenswertes Leben uns doch mit der Geburt von unseren Eltern und vom Göttlichen geschenkt worden ist. Und jetzt dürfen wir zu Meistern werden... Drum sei klug, liebe Seele – wähle, frei zu sein!

DANKE – für deine Aufmerksamkeit und dein schönes HERZ!

Deine Aurora

Hamburg, im September 2021

Anhang

Ein liebendes Herz erweckt und befreit den Geist —
und alle Geister um sich herum!

I. Neue Kinder – An alle Eltern, Freigeister und Fortschrittlichen

Allgemeines

Diese besondere Zeit bringt einige Begleiterscheinungen mit sich, dazu zählen auch die Neuen Kinder. Ich habe mich entschieden, dieses Kapitel aufzunehmen, weil vermutlich viele Leser Eltern eines Lichtkindes sind, vor allem wenn das Kind ab 2000 geboren ist. Und manch einer wird selbst ein Lichtkind sein. Mit dem Wissen um deren Eigenarten und Fähigkeiten werden das Leben und ein Miteinander leichter.

Die Neuen Kinder, sie werden auch Lichtkinder genannt, sind Wegbereiter in die Neue Zeit – sie tragen das Wissen und den Geist der Zukunft in sich. Sie sind hier, um die Schwingung auf dem Planeten Erde zu erhöhen und Transformation und Heilung zu bringen – wo immer sie sind und wählen zu sein. Das tun sie auf ihre eigene Weise, entsprechend ihrer Lebensaufgaben. Die Neuen Kinder besitzen eine hohe Medialität und verspüren einen starken inneren Ruf, die Welt zu verbessern und sich dafür einzusetzen. Sie sehen und wissen, denn sie nehmen mit dem Herzen wahr – und erkennen auch im Chaos leicht das Wesentliche. Nicht selten werden sie verkannt in ihren besonderen Gaben, die so wichtig sind für die Erneuerung unserer Gesellschaft.

Es gibt zwei Hauptgruppen der Neuen Kinder: Die Indigo- und die Kristallkinder. Und einige Unterarten, allen voran die Regenbogenkinder. Kristallkinder haben die Aufgabe, Liebe, Freude, Frieden und Leichtigkeit auf die Erde zu bringen. Ihre Hauptbotschaft ist LIEBE und FRIEDEN. Im Gegensatz zu den Indigos, die kranke Strukturen aufbrechen wollen und sollen – durch ihre eher unbequeme, rebellische, oft sehr direkte Art. Die Hauptbotschaft der Indigos ist FREIHEIT/ BEFREIUNG und WACHRÜTTELN. Wobei sie wie alle Lichtkinder viel Liebe in sich tragen. Sie machen das aus Liebe... Die Regenbogenkinder streben den Ausgleich in allem an – vor allem den Ausgleich der weiblichen und männlichen Energien auf Erden. Ihre Hauptbotschaft ist VOLLKOMMENHEIT, GANZHEIT und die VERBINDUNG von Gegensätzen. Die Neuen Kinder weisen in der Regel sämtliche Anteile auf, wobei ein Anteil dominiert. Der Indigo-Anteil steht für die eher männliche Energie, der Kristallkind-Anteil für die eher weibliche Energie, der Regenbogen-Anteil für die ganzheitlich-verbindende Energie. Je bewusster und entwickelter ein Lichtkind ist, desto mehr sind sämtliche Anteile in Einklang und können in lichter Form gelebt werden.

Um ein glückliches und ausgeglichenes Leben zu führen, ist es wesentlich für ein Lichtkind, dass es sich in seinem Lichtkind-Sein annimmt. Wozu auch gehört, die eigene Medialität zu erkennen und zu entfalten. Dabei kann es einen starken Druck im Leben verspüren: Die Seele weiß um die zahlreichen Aufgaben auf Erden, daneben gibt es die persönlichen Wünsche und Träume und wollen die eigenen Themen und das Familienkarma gelöst werden. Wie für jeden Menschen ist es für die Neuen Kinder wichtig, zu sich selbst und zur eigenen Wahrheit zu stehen und diese zu leben. Den Lichtkindern steht eine enorme Power und Kraft zur Verfügung, wenn sie diese annehmen und in Frieden mit der eigenen Vergangenheit sind.

Merkmale

Allen Lichtkindern sind folgende Merkmale gemein, in unterschiedlicher Ausprägung – entsprechend dem sozialen Umfeld, in dem sie groß werden und heute leben:

- Sehr intuitiv
- Sehr kreativ (Malen, Tanz, Gesang, Musik, Schreiben…)
- Sehr feinfühlig und einfühlsam
- Häufig sind alle 7 Sinne* geöffnet und aktiv – mit unterschiedlichen Ausprägungen: Manche sind hellsichtig, hellfühlend, hellhörig und/ oder hellwissend. Manche sind alles. Manchmal öffnen sich der 6. und 7. Sinn erst im Laufe der Zeit.
- Telepathische Veranlagung – sie können mit allem auch ohne Worte kommunizieren (mit der Natur/ Mutter Erde, mit Tieren, Bäumen, Menschen, Engeln etc.).
- Hochsensibel, hochsensitiv
- Mit den Elohim verbunden
- Leichter Kontakt zur geistigen Welt (Engel, aufgestiegene Meister, Naturgeister, Krafttiere, Elohim etc.)
- Ausgeprägtes spirituelles Bewusstsein
- Interesse am großen Ganzen, verstehen leicht die Zusammenhänge.
- Tragen viel Wissen in sich – oft ohne es erlernt zu haben. Ein Wissen, das für den Verstand und für die Gesellschaft schwer nachvollziehbar ist.
- Ganzheitlich-intuitives Denken. Sehr intelligent/ schnelle Auffassungsgabe. Es ist die Herzintelligenz, die sie wissen und schnell erfassen lässt.

- Natürliche Heiler – allein durch ihr Sein. Lichtbringer hoher Frequenz.

- Brauchen Ruhe, Verständnis und regelmäßig den Rückzug. Die richtige Umgebung, in der ihre Fähigkeiten und Gaben erkannt, wertgeschätzt und gefördert werden.

- Riesen-Spiegel für ihr Umfeld. Eine Aufgabe der Neuen Kinder ist es, Verborgenes/ Schatten sichtbar zu machen. Wie ein Scheinwerfer fällt ihr Licht auf alles Dunkle und niedrig Schwingende, allein durch ihre Präsenz.

- Eine ganz eigene, sehr hohe Schwingungsfrequenz.

- Eigensinnig, unbeirrbar bis stur.

- Weisen häufig Merkmale eines Alphatiers auf: Sie lassen sich ungern etwas sagen oder vorschreiben. Hören auf sich selbst und folgen konsequent ihrem inneren Wissen, der (Herzens-) Führung. Unsinnige Regeln und Vorschriften lehnen sie ab.

- Übernehmen gerne Verantwortung, natürliche Autoritäten.

- Naturverbunden und tierlieb.

- Sprechen die Herzsprache: Viele hören/ fühlen ihr Herz nicht mehr, ebenso wenig die Herzen anderer. Die Neuen Kinder verstehen die Sprache der Herzen, auch ohne Worte.

- Man kann ihnen nichts vormachen – Lügen und Unwahrheiten erkennen sie sofort

- Eine große Klarheit.

Persönliches

Ich bin ein Kristallkind, trage aber auch einen markanten Anteil von Indigo- und Regenbogen-Energie in mir. Die Indigo-Energie zeigt sich u. a. in meiner Freiheitsliebe, in meinen Werten und im Meiden von „kranken" Systemen, die noch in der alten Energie schwingen

(Konkurrenz, Manipulation, Neid, Eifersucht, Missgunst etc.). Wobei ich lernen durfte, dass ein Ausstieg aus diesen Systemen nicht immer die Lösung ist. Ich habe in meinem Leben einige Haifischbecken kennengelernt und für mich erkannt: Wenn ich in der Welt sein und etwas bewegen möchte, muss ich auch mit Haifischen umgehen können und einen Weg finden, mich auf eine faire Weise zu behaupten. Diese Botschaft richte ich vor allem an die Indigo-Kinder beziehungsweise an diejenigen, die eine starke Wassermann-Energie in sich tragen. Die Regenbogenenergie zeigt sich in der heutigen Wahl meiner Beziehungen und in meiner Arbeit, in der es vornehmlich um das Thema Verbindung und Ganzheit geht.

Die Indigos als 1. Generation der Neuen Kinder kamen ab den späten 70-er und in den 80-er Jahren in großer Anzahl auf die Erde. Die Vorreiter dieser Generation inkarnierten bereits in den 50-er und 60-er Jahren. Die Kristallkinder als 2. Generation der Neuen Kinder inkarnieren seit den 90-er Jahren. Ich bin in den 70-er Jahren geboren – aus dieser Zeit stammt die Vorhut der Kristallkinder. Die Regenbogenkinder inkarnieren seit 2000 – sie gehören zur 3. Generation der Neuen Kinder. Seit dieser Zeit werden sehr lichtvolle Seelen geboren. Die Bestimmungen dieser drei Haupt-Generationen der Neuen Kinder bauen aufeinander auf: Die Indigo-Kinder haben zunächst den Weg geebnet und eine Basis geschaffen, damit Neues entstehen kann. Daraufhin haben die Kristallkinder den Menschen gezeigt, dass es zurück geht in die Liebe, in die Herzkraft und wahre Stärke des Menschen. Für die Ganzheit in sich selbst, für Ausgeglichenheit und Harmonie auf allen Ebenen sorgen im 3. Schritt die Regenbogenkinder.

Wie bereits geschrieben, unterscheide ich nicht mehr streng zwischen den unterschiedlichen Lichtkinder-Arten. Die Neuen Kinder tragen meistens sämtliche Anteile in sich, mit einem dominanten Anteil. Wobei die schwächeren Anteile häufig die zu entwickelnden sind, um in die

Ganzheit zurück zu finden. Am besten verstehen wir Lichtkinder uns mit anderen Lichtkindern oder mit Menschen, die bewusst sind und ein offenes Herz haben. Menschen, die in der Liebe sind und ihre Themen weitestgehend geheilt haben. Sie zumindest erkennen und nicht mehr an anderen abarbeiten müssen.

Illusionen

Wenig ist wie es scheint hier auf Erden. Es gibt weit mehr, als wir mit dem menschlichen Auge sehen können – und noch sehr Vieles ist im Ungleichgewicht. Es ist manchmal schwer für uns, in dieser noch immer dichten und schweren Erdenergie zu leben. Wir sehen die Welt mit anderen Augen, sehr komplex. Wir nehmen die negativen, niedrig schwingenden Energien in vielen Systemen, Menschen und Beziehungen wahr, in den Medien, Banken, in der Politik etc. Was unser Körper-Energiesystem zum Teil stark belastet – wir fühlen uns schlecht in niedrig schwingender Energie. Wir nehmen Energien unmittelbar in uns auf, weshalb Schutz und Abgrenzung für viele Lichtkinder wichtig zu lernen sind. Konflikte, Wut und Aggression mögen wir nicht (mit Ausnahme der Indigos). Wir spüren die Manipulationen und Täuschungen im Miteinander und in der Welt. Die Lieblosigkeit, Abwertung und Kälte, die viele Menschen noch in sich tragen, weil sie so von sich und ihrem Herzen abgeschnitten sind. Wir sehen die gesellschaftlichen Konditionierungen, den Missbrauch vieler Machtinhaber und die weit verbreitete Fremdbestimmung der Menschen – das plutonische Schattenland in seinen zahlreichen Erscheinungsformen. Ebenso die Scheinheiligkeit, die spirituelle Weltflucht und den Ehrgeiz in manchen spirituellen Kreisen. Damit einhergehend den Selbstoptimierungswahn und die größer werdenden spirituellen Egos. Ein Phänomen, das sicher nicht auf jeden zutrifft. Manche machen großartige Arbeit. Es ist jedoch weit verbreitet, deshalb möchte ich es nicht unerwähnt lassen. Doch all das brauchen wir offensichtlich noch auf dem Weg der Selbsterkenntnis. Wir alle sind Spiegel füreinander. Wir alle tragen Licht und Schatten in uns. Wir alle sind gleichwertig. Wir alle kommen aus derselben Quelle. Niemand ist besser oder schlechter. In dieser Zeit der Desillusionierung gilt es jedoch, ein gutes Unterscheidungsvermögen zu entwickeln. Ich halte wenig davon, unschöne Realitäten in unserer kleinen und großen Welt nicht zu benennen. Auf diese Weise können wir (uns) erkennen. Hinzu kommt: Theater zieht Theater an. Wahrhaftigkeit zieht Wahrhaftigkeit an.

Meistens sind wir sehr geduldig, weil wir das göttliche Licht in jedem Menschen sehen. Immer wieder – egal was war. Manchen geben wir auch zu viele Chancen, bevor wir uns endgültig abwenden. Mit Ausnahme der Indigos, die sehr radikal sein können. Wir sind nicht bereit, von anderen dauerhaft benutzt zu werden oder als deren Projektionsfläche zu dienen.

Spiegel

Es ist wichtig zu erkennen, dass es bei jedem Konflikt letzten Endes um die eigenen Themen geht. Um deren Klärung und Heilung. Das gilt für jeden von uns, auch für die Neuen Kinder. Wir sind Menschen wie jeder andere auch, mit einem Ego und noch zu heilenden Themen. Zwar ist es sinnvoll, Konflikte, Karma und Verstrickungen mit Menschen und Systemen zu lösen, doch wenn wir das darunterliegende eigene Heilungsthema nicht erkennen, wenn wir nicht erkennen, dass wir dieses Thema mit einem Menschen oder System nur deshalb haben, weil wir es in unserem Energiefeld tragen, werden wir es erneut in anderen Beziehungen erleben. Solange bis wir den eigenen Schatten erkennen… Haben wir den eigenen Anteil hingegen erkannt und angenommen beziehungsweise integriert, geschieht Heilung und Lösung von selbst. Letzten Endes geht es immer um Selbsterkenntnis und Herz-Heilung/ - Öffnung in dieser Zeit. Das ist der Kern meiner Arbeit.

Aufgaben

Die Aufgabe der Neuen Kinder ist es, den Weg in die Neue Zeit zu bereiten – Bewusstsein zu weiten und Herzen zu öffnen. Sie wählen ihre (Freundes-)Familien und Umfelder bewusst aus, um dort Heilung zu bringen – und um Freude zu haben! Das lieben wir… Die Neuen Kinder tragen das Wissen, die Energie und Schwingung der Zukunft/ der Neuen Zeit in sich. Wofür wir zum Teil auch belächelt oder für doch „irgendwie merkwürdig" gehalten werden… Viele Lichtkinder werden verkannt. Manche auch verbannt oder bekämpft – vornehmlich von alten Seelen. Schlimmstenfalls geschieht dies in der Eltern-Kind-Beziehung. Aber auch in den "spirituellen Kreisen". Große Egos finden wir überall. Ebenso nicht geheilte bis zerrüttete Familiensysteme und bedürftige, abhängige Menschen, die unter Gleichgesinnten nach Familienersatz, Liebe und/ oder narzisstischer Selbstbestätigung suchen.

Die Neuen Kinder erkennen, ob jemand echt und in der Liebe ist und nicht mehr in die Schattenthemen verstrickt ist, die in unserer Gesellschaft noch weit verbreitet sind. Es gibt wenige Menschen, die wirklich geklärt und in der Liebe sind. Die sich aus allen Zwängen, aus den verletzten Gefühlen und Konditionierungen der Vergangenheit befreit haben und mutig und selbstbestimmt ihren Weg gehen. Wir alle dürfen jetzt in unsere Eigenheit und Einzigartigkeit hineinwachsen, in wahre Freiheit und Souveränität. Ich halte das für sehr wichtig für den Aufstieg der Erde. Und ehrlich gesagt – gibt es etwas Schöneres? Ich bin froh, dass ich heute frei darin bin, mich in meiner Wahrheit und Meinung zu zeigen – ohne Abhängigkeiten "höherer Instanzen" zu unterliegen, damit gefallen oder in etwas passen zu müssen.

Die Kristall-Energie spricht:

Dein Herz ist dein größter Schatz. Hier ist alles Wissen gespeichert,
hier bist du mit allen Dimensionen verbunden…
Das göttliche Licht ist in deinem Herzen –
suche es nicht mehr im Außen.

Was würde die Liebe tun?
Frage dein Herz…

Die Indigo-Energie spricht:

Sei dein eigener Guru, folge keinem nach –
schon Krishnamurti wie ich sprach.

Sei klug, liebe Seele – wähle, frei zu sein!
Und du wirst freie Wahl haben…

Die Regenbogen-Energie spricht:

Ich bin du – und du bist ich.
Die göttliche Gegenwart spricht durch dich und mich.

Neue Wege werden möglich: Gemeinsam.

Doch ob Lichtkind oder nicht – wir alle tragen kristalline, Indigo- und Regenbogen-Anteile in uns. Oft sind diese Anteile jedoch verkümmert. Jeder von uns trägt ein Lichtkind in sich! Es gilt, diese Anteile zu erinnern und zu reaktivieren: Jeder von uns ist in dieser Zeit eingeladen, sich zu einem Lichtwesen zu entwickeln, zu seinem Ursprung zurück zu kehren. Deshalb bist du hier, es ist die wahre Essenz jedes Menschen. Die ansteigenden Energien auf der Erde helfen uns dabei. So sollen wir auch unser Wissen und unsere Weisheit erinnern – im Herzen, genauer gesagt im Herz-Chakra. Es ist das göttliche Universal-Wissen, zu dem die Neuen Kinder nur deshalb einen besseren Zugang haben, weil ihre Herzen weitestgehend offen und geheilt sind und sie nicht aufgrund vieler Inkarnationen immer wieder in die Dichte der Erdenergie eingetaucht sind. Deshalb sind sie so hell und so rein – das betrifft vor allem die Kinder, die seit 2000 geboren werden. Anders ist es bei den älteren Lichtkindern. Häufig sind es alte Seelen, die aufgrund zahlreicher Inkarnationen Karma, Muster und überkommene Glaubenssätze mitbringen und erst durch schmerzhafte Transformationsprozesse gehen müssen, um innerlich frei zu werden und in ihren ursprünglichen Zustand (weitestgehend) zurück zu kehren. Genau dieser Entwicklungsweg mit den daraus gewonnen Erfahrungen befähigt sie dann, dieses Wissen zum Nutzen und Erwachen der Gesellschaft einzubringen.

Fazit

Der große Bewusstseinswandel bringt zahlreiche Begleiterscheinungen mit sich, wozu auch die Neuen Kinder, ebenso die Seelenlieben gehören: Manche dürfen ihr seelisches Pendant wieder treffen, sofern sich die Seelen dazu verabredet haben und reif genug sind für diesen Entwicklungsweg. Wunderschönes ist jedenfalls zuhauf möglich in dieser besonderen Zeit. Jeden von uns lädt sie ein, innerlich frei zu werden und die Ganzheit in sich selbst zu entdecken: Die weiblichen und männlichen

Anteile in sich zu klären und miteinander zu versöhnen. Dann wird es auf allen Ebenen leichter. Für die Seelenlieben/ Seelenpartner ist es gar Voraussetzung, um eine Liebesbeziehung im Alltag leben zu können.

Wahre Freiheit wohnt in einem bedingungslos liebenden Herzen.

An die Eltern

Die Eltern möchte ich dazu ermuntern, einen wachen, sensiblen Blick auf die eigenen Kinder zu werfen. Ihnen Raum, Ruhe, Verständnis und viel Liebe zu schenken, damit sie sich dem wahren Wesen entsprechend entfalten können. Egal ob das Kind ein Lichtkind ist oder nicht. Vertraut eurem Kind – und tretet zurück mit eurem Ego und Wünschen für seinen Weg. Es hat seinen eigenen Lebensplan hier auf Erden, und es ist nicht zufällig bei euch gelandet… Eltern bereiten dem Kind im besten Falle einen geschützten, liebevollen Rahmen, damit sich dieser Seelenplan frei und zum Wohle des Ganzen entfalten kann.

Für Lichtkinder ist es wichtig, dass sie Raum und Zeit für sich und ihre Projekte und Aufgaben haben. Dass sie ermuntert werden, sich auszuprobieren, nein zu sagen und sich selbst treu zu sein. Damit sie ihren eigenen Weg gehen können. Die Kinder dahingehend zu erziehen, durchaus mit gesunden Grenzen, ist die Aufgabe der Eltern jedes Kindes. Probiert es mal aus, liebe Eltern: Statt Angst und Kontrolle – Vertrauen und Liebe. Das mögen wir sehr. Es inkarnieren seit vielen Jahren wundervolle, hoch entwickelte Seelen – schaut sie euch nur an! Sie sind reines Licht, reine Liebe. Höchst wissend und weise. Engel, die dich daran wollen, wer du wahrlich bist. Verbiegt sie nicht, so wie wir oftmals verbogen worden sind. Sie sind so wichtig zur Erneuerung unserer Gesellschaft und lehren uns viel – egal ob sie 3, 10, 20 oder 45

Jahre alt sind. Seid klug, und hört ihnen zu. Schaut hinein in den großen Spiegel, den sie euch vorhalten…

Doch die Neuen Kinder sind nicht besser als jedes andere Kind auch, Seelenlieben/ Seelenpartnerschaften sind nicht besser als jede andere Liebe auch. Daraus dürfen nicht neue Ego-Spiele erwachsen. Jeder Mensch ist gleichwertig und einzigartig. Jede Liebe ist groß, die wahrhaftig ist. Jeder von uns ist ein bedeutendes Rädchen im großen Gesamtgefüge. Und jeder von uns tut (meistens), was er kann…

Jeder kommt mit einer Mission hier auf die Erde, die es herauszufinden gilt. Für das *Wie* sorgt dann schon das Universum…

Was ist es bei dir – warum bist DU hier?

Ein berühmtes Lichtkind: Billie Eilish

Eine sehr erfolgreiche, sehr interessante und sehr junge Singer-Song-Writerin, die wunderbar den Übergang in die Neue Zeit repräsentiert. Ohne Einwilligung blicke ich nicht in Geburtshoroskope, insofern teile ich hier ohne diesen Einblick meine Wahrnehmungen zu Eilish´ Horoskop: Ihr Geburtsdatum am 18. 12. 2001 zeigt, dass ihre Sonne ins Galaktische Zentrum fällt (25° - 29° Schütze). Das macht ihre Popularität und außergewöhnliche Kreativität und Vielseitigkeit aus. Menschen, die einen Bezug zum GZ haben, zeigen häufig Genialität in gewissen Bereichen, vor allem wenn persönliche Planeten wie die Sonne beteiligt sind. Zudem tragen sie viel Liebe und Humor in sich. Eilish wird zudem eine betonte Fische/ Neptun-Energie, wie auch betonte uranische und plutonische Energien im Horoskop haben. Auch Lilith wird hervorgehoben sein, was wir an ihrem künstlerischen Schaffen sehen, das immer wieder das Dunkle, den Tod und Tabus zum Thema hat: Das plutonische Schattenland des Menschen und einer Gesellschaft, mit dem sie vermutlich auch in sich und auf Erden zu kämpfen hat. Sie schreibt und macht Musik aus ihren Erinnerungen – und schöpft dabei aus einem reichen Fundus… Eben diese uranischen und plutonischen Energien sind der Grund für ihre Transformationskraft, die sie als Persönlichkeit und mit ihrer Musik einbringt und damit dem (Wassermann-)Zeitgeist entspricht: Sie und ihre Kunst sind eigenwillig, anders, intelligent und der Zeit voraus. Mit einem großen Talent zur Inszenierung (Löwe/ Sonne im GZ). Auch ihr Schmerz und ihre Heilkraft sind sicht- und spürbar (Chiron). Zudem bietet Eilish mit ihrer mystischen Aura und Wandlungsfähigkeit (Fische) eine Riesen-Projektionsfläche…

Sie ist ein Lichtkind, mit starken Indigo-Anteilen, was sich u. a. in ihrer Unabhängigkeit, Eigenwilligkeit und Neigung zu Überraschungen zeigt. Ihre Stimme und ihre Liebe zum Detail offenbaren andererseits ihre Zartheit, ihr Feingefühl und ihre Verletzlichkeit – das sind die kristallinen Lichtkind-Anteile. An der Stimme eines Menschen erkennen wir sehr viel. So füllt Billie Eilish nicht zufällig die Hallen vor allem mit der Generation der Lichtkinder (ab den 80-er Jahren). Erweckt und begeistert aber ebenso die älteren Generationen – und revolutionierte in 2019 im Alter von nur 17 Jahren mit ihrem Debütalbum die gesamte Musikbranche.

---

* Wir Menschen kennen die üblichen 5 Sinne: Sehen, Hören, Riechen, Tasten, Schmecken. Bei den Neuen Kindern sind zusätzlich der 6. und 7. Sinn geöffnet und aktiv bzw. werden aktiv. Der 6. Sinn meint die Intuition, Vorahnungen, die außersinnliche Wahrnehmung. Der 7. Sinn ist der Zugang zur Quelle, der sich oft in Hellwissen zeigt. Hier bekommen wir Informationen unmittelbar aus der Quelle – der Kanal ist offen. Diese neue, erweiterte Wahrnehmung mit allen 7 Sinnen, auch mediale Wahrnehmung genannt, wird mit den ansteigenden Energien auf der Erde immer mehr Menschen zugänglich. Wodurch der Mensch künftig immer komplexere Sinneseindrücke und Informationen aufnehmen und verarbeiten kann.

II.   Die Elohim

Neue Energien

Ebenso wie die Neuen Kinder gehören auch die Elohim zu den angenehmen Begleiterscheinungen dieser Zeit. Ich zähle sie zu den Neuen Energien, die aufgrund der schwindenden Dichte auf der Erde immer mehr Menschen zugänglich werden. Die Elohim sind wichtige Begleiter in die Neue Zeit. Sie sind reines Licht mit einer sehr hohen Schwingung. Als höchste Form der Engel wirken sie in direktem Kontakt mit der Schöpferkraft, auf der Erde und in allen Universen – mit dem Auftrag, für Klarheit, Wahrheit und Freiheit zu sorgen. Somit verfügen sie über eine enorme Transformations- und Heilkraft und wirken in jeder Hinsicht als Katalysator. Engel haben für mich nichts mit Kirche und Glauben zu tun – sie sind eine bestimmte Ausdrucksform der universellen Energie, eine sehr hohe und reine Energieform. Sensitiven Menschen ist es möglich, auch Energien von feinerer Schwingung wahrzunehmen. Je schneller sich etwas bewegt, desto höher ist seine Schwingung, desto schwieriger ist es, seine Energie zu sehen oder wahrzunehmen.

Die Elohim unterstützen dabei, das neue Zeitalter zu etablieren, indem sie eine starke Bewusstseinserweiterung bei denjenigen bewirken, die sich für ihre Energien öffnen. Sie beschleunigen Erkenntnis-, Bewusstwerdungs-, Heilungs- und Transformationsprozesse, weil sie uns näher an die Quelle führen. An das eigene Licht im Innen, aber auch an die göttliche, kosmische Heilquelle selbst. Die Elohim wirken über die zwölf Farbstrahlen, die zu den Schöpfungsstrahlen gehören. Jeder der Farbstrahlen repräsentiert ein göttliches Prinzip und hat seine eigenen Aufgaben und Wirkfelder. Die Bandbreite ihres Heilpotenzials ist groß:

So unterstützen sie beispielsweise dabei, Blockaden zu lösen, Potenziale und Möglichkeiten zu erkennen und zu entfalten, ebenso das Leben selbstbestimmt zu gestalten und Visionen umzusetzen. Ferner helfen sie, sich mit dem inneren Licht, dem Wesenskern zu verbinden und es zu entfalten. Sie helfen dabei, ins Gleichgewicht, in Balance und inneren Frieden zu finden. Zudem eignen sie sich wunderbar, um das Körper-Energie-System zu reinigen, zu klären und zu harmonisieren und sich und seine Aura zu schützen und zu stärken. Kurzum: Bei allen Kernthemen, die wir in dieser Zeit durchleben, zu meistern haben und gut gebrauchen können, sind sie liebevolle, sanfte und höchst effiziente Begleiter, weil sie klärend, transformierend und heilsam zugleich wirken.

Dabei wirken die Elohim nur im Positiven, denn sie passen sich an die Bedürfnisse, die Bewusstheit und den Entwicklungsstand des Einzelnen an. Sie wirken stets im Einklang mit der Seele, mit der universellen Ordnung und zum höchsten Wohle. Jeder kann diese lichtvollen Kräfte anrufen und nutzen, sofern wir darum bitten und uns für ihre heilsame Energie öffnen.

Die größte Kraft der Elohim, aller Engel, aller Universen und der Menschen ist die LIEBE. Liebe basiert immer auf Wahrheit und Freiheit. Genau um diesen Dreiklang geht es in dieser besonderen Zeit: Die Erde und wir Menschen wollen in die Liebe, in die Wahrheit und in die Freiheit zurückfinden.

Energiearbeit

Was immer funktioniert hat, funktioniert häufig nicht mehr. Das gilt auch für manche Coaching-, Heilungs- und Beratungs-Methoden. Aufgrund der ansteigenden Energien und Herausforderungen sind diese oft nicht mehr zeitgemäß, denn wir Menschen durchleben vor allem seelische Prozesse in diesen Jahren. Um auf Seelenebene zu heilen, brauchen wir die neuen Energien, die uns dank der schwindenden Dichte nun immer leichter zur Verfügung stehen. Als feinfühlige, spirituelle Wesen sind wir Menschen sehr empfänglich dafür. Im Laufe meiner Ausbildungen und meiner langjährigen beruflichen Praxis habe ich sehr gute Coaching- und Beratung-Tools kennengelernt, arbeite mittlerweile jedoch zusätzlich mit den Elohim, weil meine Klienten und ich diese Kombination als sehr heilsam, effizient und stärkend erleben.

Meine Begegnung

Vor 10 Jahren bin ich in eigenen Prozessen mit diesen lichten Energien in Kontakt gekommen. Es war der Beginn einer großen Umbruchphase in meinem Leben, bei der mich die Elohim in den vergangenen 10 Jahren intensiv begleitet haben. Eine Heilerin sagte mir damals, es sei meine Aufgabe, mit den Elohim zu wirken. Es hat etwas gedauert, bis das bei mir angekommen ist – seitdem sind die Elohim meine ständigen Begleiter. Meine Energie hat sich seitdem maßgeblich verändert, in rasanter Geschwindigkeit auch mein ganzes Leben. Die Elohim haben mich dabei unterstützt, meinen Weg und zu mir selbst zu finden – um das zu tun, was ich heute tue und teile. Bei mir war es nicht so, dass ich viele Jahre zuvor mit den unterschiedlichen Engeln in Verbindung war. Es waren direkt die Elohim, und das sehr plötzlich. Nach intensiver Erforschung und Arbeit mit ihnen nutze ich sie seit einigen Jahren auch erfolgreich im Beruflichen, mit bemerkenswerten Ergebnissen und nachhaltiger Wirkung (MOONTIME, LICHTERKREIS, Online-Events, Coachings etc). Meine Sessions bieten immer auch die Möglichkeit, sich tief zu verbinden, Lebensenergie und Kraft zu schöpfen und Potenzial zu entfalten.

Wobei unterstützen die Elohim?

- Bei der Herz-Heilung und -Öffnung (rosa, grün)
- Bei der Heilung des inneren Kindes und des Zellgedächtnisses (rosa, magenta)
- Beim Lösen energetischer Blockaden (violett, türkis)
- Den Geist von Konditionierungen zu befreien (violett, türkis)
- Mit dem inneren Licht, dem Wesenskern verbinden (gold, gelb)
- Chakren klären, harmonisieren und energetisieren (weiß, grün)
- Das Körper-Energiesystem regenerieren, harmonisieren, stabilisieren (grün)
- Unterstützung bei Neubeginnen (weiß)
- Loslass- und Vergebungsprozesse (violett, rosa)
- Erfrischen, verjüngen (weiß, gold)
- In heitere Stimmung und in den Fluss kommen (gelb, türkis)
- In die ureigene Kraft und Stärke zurückfinden (rosa, rot)
- Begrenzende Strukturen und Karma klären (violett, silber)
- Lösen von Blockaden, Traumen und Widerständen im physischen und in den feinstofflichen Körpern (türkis, violett)
- Befreien von belastenden Gedankenmustern, Verhaltensweisen, Beschwerden und Abhängigkeiten (violett, türkis)
- In Einklang mit dem Schöpfungsplan kommen (magenta)
- Bewusstwerdung der Bestimmung und Lebensaufgabe(n) (rot, gold)
- Potenzial und Fähigkeiten erkennen und entfalten (türkis, violett)
- Manifestieren von Ideen und Visionen (rot)
- Kraft, Erdung, Vitalität stärken (rot)
- Verbindung zum Seelenplan und zur Seele stärken (magenta)
- Disharmonien und Fremdenergien klären (weiß, violett)

- Schützen und stärken (silber)
- Geistige, seelische und körperliche Wunden heilen (grün, türkis)
- Heilung der Weiblichkeit bis in die Ahnenlinie (silber, rosa)
- Heilung der Ganzheit in sich selbst (grün, kristallin)
- Für beruflichen Erfolg, Souveränität, Selbstermächtigung (gold)
- Fülle und Wohlstand auf allen Ebenen (gold, grün)

Auf meiner Website und auf meinem YouTube-Kanal findest du wunderschöne Elohim-Heilmeditationen. Zusätzlich biete ich jeden Monat im Rahmen der MOONTIME, der NEWMOON-Powermeditation und meiner Events zur Neuen Weiblichkeit transformierende und stärkende Elohim-Heilmeditationen an. Nächste Termine in 2021 siehe im Buch auf Seite 231. Weiteres findest du hier: katharinaaurora.com

III. Moderne Astrologie

Mein Weg zur Astrologie

Die Astrologie ist eine meiner großen Passionen. Beginn dieser Passion war vor 16 Jahren meine eigene Horoskop-Analyse – noch auf Kassette gesprochen, von meinem damaligen Yoga-Lehrer. Meinem Ego hat manches nicht gefallen, was ich in dieser Stunde gehört habe und war zudem überrascht, was dieser Mann alles über mich wusste, ohne mich zu kennen. So ging ich ein wenig zerknirscht aus der Türe, sah all die kryptischen Zeichen auf dem Papiere und fasste unmittelbar den Entschluss, diese ko(s)mische Symbolsprache zu verstehen. Tiefer einzusteigen in diese geheimnisvolle Wissenschaft, die mir so Vieles zu versprechen schien… Sofort ging ich in die nächste Buchhandlung und kaufte mir mein 1. Astrologie-Buch. Das war der Beginn eines lange Zeit autodidaktischen Studiums der Astrologie und einer großen Liebe. Die Nächte wurden länger. Die Bücherregale voller. Lehrer kreuzten meinen Weg. Und mir eröffnete sich ein völlig neues Weltbild, was bis heute anhält… Schnell wurde mir klar, wie leicht mir das Erlernen dieser Sprache fiel – es schien ein einziges Erinnern. Und viel freudvoller war es als alles, was ich zuvor gemacht und erlernt hatte! Ich habe die klassische, die psychologische, die esoterische und die evolutionäre Astrologie studiert. All das war und ist höchst interessant, doch den Sternenhimmel konnte ich schon immer lesen. Diese Gabe war nur lange Zeit unerkannt und vergessen – und ich vom Himmel und von meinem wahren Selbst getrennt. Doch plötzlich war die kosmische Verbindung wieder da und ich mit meiner Sternenheimat verbunden. Seitdem pulsiert der Geist des Universums durch mich, ich verbinde Himmel und Erde – und werde lebendiger und lebendiger…

Himmel und Erde

Genau darum geht es in dieser Zeit: Himmel (das Männliche) und Erde (das Weibliche) wieder zu verbinden. Sich mit der Natur und dem Kosmos zu verbinden ist heilsam und dringend notwendig für uns Menschen. Mach dir bewusst, dass du das gesamte Universum in dir trägst. Wie außen, so innen. Wie oben, so unten. Wir Menschen sind aus Sternenstaub… Reines Licht, reine Liebe. Ich finde das immer wieder beglückend, das zu erleben und zu spüren. Die Sternenenergie in dir, in mir und mit ihr die göttliche Schöpferkraft, die uns alle verbindet. Schwinge dich wieder ein in diesen göttlichen Lebens- und Liebesstrom, der alle Universen durchwirkt, dessen Teil auch du bist. Mit dem du über deinen Atem in jedem Moment verbunden bist…

Der ATEM und die FREUDE sind deine Super-Tools:
Beide führen direkt zur göttlichen Quelle, sie entspringen ihr.

So atme tief – und folge der Freude…

Auch deshalb ist die Astrologie so faszinierend für mich. Der Stand der Sterne an deinem Geburtstag hat dich maßgeblich geprägt. Dein Geburtstag ist der wichtigste Tag in deinem Leben – allein dafür kannst du deinen Eltern zutiefst dankbar sein. Du trägst eine einzigartige Kombination aus Sternenenergien in dir. Deinem Bewusstsein entsprechend lebst du diese Energien und formst sie ständig weiter. Du bist gekommen, um deinen individuellen Sternenmix zu einem strahlenden, pulsierenden Sternen-Feuerwerk zu entfalten!

Dein Geburtshoroskop ist dein Seelenplan, die sichtbare Blaupause deiner Seele. Es zeigt deine Heldenreise, die du vor diesem Leben beschlossen hast, anzutreten. Bis deine Sonne (dein Sternzeichen = der König, die Königin in dir) den Mut hat, zu strahlen, zu leuchten, zu wärmen – von Herz zu Herz und in alle Universen hinein…

Potenzialentfaltung

Wer die Astrologie versteht, darf den Himmel in allem sehen – und die Seele eines Menschen. Die Astrologie schenkt uns ein äußerst differenziertes Analyse-Instrument, um Menschen und Systeme gezielt und individuell bei der Wegfindung und Lebens- bzw. Visionsgestaltung zu unterstützen. In den vergangenen 16 Jahren ist sie mir zum inspirierenden Werkzeug und Herz meiner Arbeit geworden. Im Sinne einer modernen Astrologie nehme ich den Sternenhimmel astrologisch, astronomisch, energetisch und spirituell wahr. Ich lese, fühle und liebe den Sternenhimmel! Die Moderne Astrologie wertet und prophezeit nicht, sie zeigt auf und eröffnet dir dein wundervolles Potenzial. Dein Potenzial ist grenzenlos – vergiss das bitte nie. Egal wo du herkommst oder was dir eingeredet worden ist. Die Frage ist, ob du dein Potenzial lebst – ob du dich auf den Weg machst, das Eigene zu finden und zu entfalten. Du entscheidest deinem Bewusstsein entsprechend, wie du mit deinen Gaben umgehst. Die Zeitqualität eignet sich hervorragend, um zur lichtesten Version deiner selbst zu werden – für dich selbst und zum Wohle des Ganzen.

Selbstausdruck

In dieser Zeit bist du eingeladen, dich und dein wundervolles Potenzial zu erkennen und zu leben. Dein Innerstes freudvoll zum Ausdruck zu bringen und dein Licht strahlen zu lassen! Damit trägst du wesentlich zum Aufstiegsprozess der Erde bei. Die Astrologie unterstützt dich dabei, denn in ihr verbinden sich Analyse, Jahrtausende alte Weisheit und ganzheitlich-intuitives Wissen zu einem einzigartigen Diagnoseinstrument für die Persönlichkeitsanalyse und Seelenschau. Dein Horoskop zeigt den heiligen Moment deiner Geburt und enthält alle Informationen deines Seelenplans, der mit deinem 1. Atemzug begonnen hat. Dabei verstehen die Astrologie und ich das Leben als einen fortwährenden Entwicklungs- und Bewusstwerdungsprozess. Auch dein Geburtshoroskop lebt und ist in ständiger Entwicklung... Dein Horoskop ist dein persönlicher, kosmischer Lebensplan, den es in der Form kein zweites Mal gibt. Es ist deine universelle Eintrittskarte auf Erden und ins Glück, sofern du sie lesen kannst. Gerne helfe ich dir dabei!

Stimme dich wieder auf dein wahres Wesen ein. Stimme dich ein auf deinen einzigartigen Seelenklang, auf die Melodie deines Herzens. Damit es klar und lichtvoll aus dir tönt – und andere dich verstehen.

IV. Lust auf Reduktion

Mein Buch möchte ich mit dem Wesentlichen beschließen: Mit der Freude und Lust, zu LEBEN und zu LIEBEN! Ich bin davon überzeugt, dass wir alle leben und lieben wollen – mit unserem gesamten Potenzial und dass nichts heilsamer für unsere Mitmenschen und den Planeten Erde ist. Ebenso überzeugt bin ich davon, dass die Welt besser wird, wenn wir Menschen diesen Wunsch tief in unserem Herzen tragen. Es gibt nichts Stärkeres als einen Wunsch, der aus dem Herzen kommt. Je mehr wir sind, desto schneller wird sich der Wandel manifestieren.

Frage dich nicht, was die Welt braucht.
Frage dich lieber, was dich lebendig macht.
Und dann geh hin und tu das Entsprechende.
Denn die Welt braucht nichts so sehr,
wie Menschen, die lebendig sind.

(John Eldredge)

Zum Abschluss noch Poesie zur Jungfrau. Die klärende und erkenntnisbringende Wendepunkt-Energie dieser Jahre hat auch mit der Jungfrau-Energie zu tun. In der astrologischen Deutung schenkt uns die Jungfrau Präzision, Unterscheidungsvermögen, Analysefähigkeit, Feinheit und Reinheit. Sie versteht die Kunst des inneren Gewahrseins, das Glück der Bewusstheit und Achtsamkeit – dank ihrer klaren Wahrnehmung und ihrer wachen Präsenz. Auch dieses Prinzip tragen wir alle in unterschiedlicher Ausprägung in uns. Der Herrscherplanet ist Merkur, der zusätzlich über das Tierkreiszeichen Zwillinge herrscht. Als

Herrscher der Zwillinge hat Merkur somit nicht nur mit Wissen, Information und Kommunikation zu tun, sondern auch mit unserer Wahrnehmungsfähigkeit und unserem inneren Gewahrsein (Jungfrau). Die Jungfrau versteht es, Energien wahrzunehmen und falls nötig, sich von Fremdenergien zu klären: In Form von Gedankenhygiene, Gefühlsverarbeitung, Aura- und Chakren-Reinigung etc. Neben der körperlichen Hygiene ist dies eine neue Form der ganzheitlichen Hygiene im Übergang zur Neuen Zeit.

Die Jungfrau möchte endlich tanzen... Erlöst werden von ihrem kritischen Geist und dem hohen Anspruch an sich selbst, an ihre Mitmenschen und die Welt. Vom Löwen wird sie nun eingeladen zum Tanze – um zu ernten, was sie so liebevoll und sorgfältig gesät hat...

Lust auf Reduktion
(Jungfrau – 23.8. bis 23.9.)

Und munter geht's weiter im Tierkreis... erneut mit einem Gegenimpuls zum vorherigen Prinzip – nicht zuletzt um dessen Schattenseiten zu verhindern, zu lindern. Der Löwe ist hoffentlich mittlerweile der, der er ist. Kennt und zeigt sich. Ist leise(r) geworden. Falls nicht, hilft nun die Jungfrau. Alles andere als von lauter Art ist sie eher schüchtern, vorsichtig und nüchtern. Vernünftig, pflichtbewusst und zart. Von schlichter, erdiger, sehr feiner Schönheit. Auch, weil sie die Demut kennt. Höchst wissend um sich, geht sie meist allzu streng mit sich ins Gericht...

Im Jungfrau-Prinzip wird nicht gespielt, geprahlt, gestrahlt. Hier wird gearbeitet – und zwar hart. An sich. An Anderen. An der Welt. Stets ökonomisch. Auch gern für Geld. < Wo bleibt da die Freude, wo die Lust? >, mag der Löwe in uns noch brüllen. Doch auch die Jungfrau hat Lust, wenn er nur wüßt. Lust auf Reduktion, die ist's, die ihr gefällt. Lässt alles sich so schön ordnen mit ihr in dieser Welt.

Mit präzisem Blick fürs Detail und hoher Empfindsamkeit für alles, was nicht stimmt, versucht die Jungfrau tatsächlich Ordnung in die Vielfalt des Lebens zu bringen. Alles wird nach dem Prinzip der Nützlichkeit analysiert und getrennt. Selten gibt es ein Zuviel. Eine wunderbare Gabe, fokussiert sie doch unseren Blick auf das Wesentliche – in uns, in anderen Menschen, im Leben. Setzt kritisches Urteilsvermögen voraus. Schließt Beliebigkeit aus. Lässt Essenzen erkennen. Das Ego benennen. Doch eine Gefahr bei dieser Lust besteht, dass irgendwann gar nichts mehr geht – und nichts mehr vor der Jungfrau besteht. Denn ist sie nur fleißig am Reduzieren, wird sie die Lust am Leben verlieren. Und nur noch die innere Leere spüren... Wird unzufrieden, verbittert und hart. Spröde, frustriert – erstarrt. Sicherheit sucht sie im Strukturieren – und hofft, es könne dann nichts passieren. Doch weicht sie aus vorm Risiko des Lebendig-Seins, wird sie niemals mit sich eins. Mit strengen Verhaltensrezepten und klugen Konzepten wird sie zum Misanthrop – quengelnd, intolerant, innerlich tot.

Es gibt noch andere Formen der Lust – weiß sie natürlich, das ist ihr Frust. Und hat sie die Sonne in sich nicht entdeckt, ist sie vom Strahlen der Anderen verschreckt. Masochismus paart sich dann mit scharfem Sadismus... Sie kann es einfach nicht ertragen, dass all die Mühen, all die Plagen nicht endlich zum Ergebnis führen: Perfekt-Sein – ohne Allüren! Wie kommt sie dahin, was fehlt ihr denn? Sie tut doch alles, was sie kann. Die nächste Krise klopft schon an...

Doch Rettung naht, so ist das Leben. Es sorgt für uns, will uns erheben. So hat sie zum Glück den Löwen ganz nah. Prompt ist der auch schon da.

„Lebe, liebe, lache!", brüllt der charmant und nicht ohne Hintergedanken die Worte des weisen Alexis Sorbas. „Gott hat dir die Welt nicht gegeben, damit du ihr entsagst, sondern damit du sie feierst!" Errötend schaut die Jungfrau den Löwen nun an – wahrlich, ein richtiger Mann! Da kommt die Angst... was wird passieren, wenn gänzlich beide sich verlieren... Alles muss doch seine Ordnung haben – das Chaos bereitet ihr Unbehagen. Obwohl gerade dieses so Vieles gebiert... Kreativität zum Beispiel garantiert, umgeht sie´s stets diszipliniert. Doch Wunder geschehen...

Scheu lächelt die Jungfrau den Löwen jetzt an und fängt doch glatt zu tanzen mit ihm an. Was Muttern und alle auch sagen würden – ihr ist's egal, sie lässt sich verführen. Der Löwe, inzwischen ganz leise, verzaubert von ihrer anmutigen Weise: „Lass los, lass los", brummt er zärtlich zu ihr, "so gib dich hin, vertraue mir." Nun führt er sie ins rechte Licht, auf dass sie ihn, den Helden, nie vergisst...

Das Wunder ist vollbracht – unsere Jungfrau erwacht! Von nun an tanzt sie durch das Leben, um diesem auch sich hinzugeben. Dabei realistisch, wach und klar – unwiderstehlich diese Mischung. Wunderbar. Sie kann sich jetzt auch selbst vergeben. Darf Fehler machen, sogar laut lachen. All ihr Können kann nun erblühen – in Meisterschaft, auch mit Gefühlen.

Wie geht's nun weiter mit den Beiden, wo Lust und Leben sich vereinen? Um Liebe wird es gehen, dies sei verraten. Den vergeblichen Versuch, sie zu verstehen...

(Hamburg, im September 2010)

V. Notizen

Ein Zyklus ist vollendet.

Das große Lebensrad hält inne,
um sich neu auszurichten...

So lasse los, lasse alles offen…

Werde zum Findenden,
dem sich das Wesentliche offenbart.

Damit ist alles gesagt.

DANK geht an meine Eltern, die mir mein
wundersames Leben geschenkt haben – ich liebe euch.

DANK geht an meine lichtvollen, himmlischen Begleiter –
für die Unterstützung, die Führung und den Schutz.
Und für dieses Buch, das ihr mir geschenkt habt.
Für mein Leben und meine Entwicklung
seid ihr von großer Bedeutung.

RETREATS * Neue Weiblichkeit * (online)
November + Dezember 2021

LIEBE - WAHRHEIT - FREIHEIT

Mit Hilfe der Elohim innerlich frei werden, Potenziale entfalten – und das Leben gestalten! Die Wochenend-Retreats zur Neuen Weiblichkeit schenken dir einen Raum der Ruhe, der Transformation und Heilung. Um dein göttlich-weibliches Potenzial zu entfalten und dein (Liebes-) Leben neu zu gestalten. Du bist von Herzen willkommen!

Termine:
19. - 20.11.2021 * Lilith – Lebe frei, wild und wunderbar! *
03. - 05.12.2021 * Neue Weiblichkeit * (Basis-Retreat)

MOONTIME: Eine ganzheitliche Begleitung
in die Neue Weiblichkeit – zu jedem Vollmond (online)!

Termine: 20.09./ 20.10./ 18.11./ 18.12.2021 – jeweils 20 bis 21:30 Uhr

Weitere Infos und Buchung:
www.katharinaaurora.com

Katharina *AURORA* Friedrichs

Profi-Astrologin. Coach. Autorin

Geffckenstraße 30
20249 Hamburg
+49 40 22 73 86 94
post@katharinaaurora.com

Lerne mich gerne in einem Vorgespräch kennen!

Zur Autorin

Katharina Aurora Friedrichs gehört zur neuen Generation von Impulsgebern und Wegweisern in eine neue Zukunft. Von Hause aus Juristin begleitet sie heute als Profi-Astrologin, Coach und Autorin ganzheitlich in die Neue Zeit. Neue Führung, Neue Weiblichkeit, Beziehungen der Neuzeit und eine Moderne Astrologie – diese Themen begeistern sie als Visionärin und Freigeist seit über 10 Jahren. Dank ihrer medialen Wahrnehmung blickt sie tief in die menschliche Psyche und Schattenthemen einer Gesellschaft und Welt, die in ihr wahres Potenzial erwachen möchte. In inspirierenden und berührenden Vorträgen, Artikeln und Events, wie auch in Meditationen und Poesie erinnert sie an die Kraft des freien Geistes und der bedingungslosen Liebe, die es ermöglichen, eine neue, friedliche Erde mit freien Menschen zu erschaffen. Die Heilung der Vergangenheit und Rückbesinnung auf den wahren inneren Wert und die Kraft des Herzens sieht sie als Schlüssel für den persönlichen und kollektiven Aufstieg der Menschheit.   Offizielle Website: katharinaaurora.com

„Ein freier Geist & ein liebendes Herz sind die Schlüssel zur Neuen Zeit."
– Katharina Aurora Friedrichs –